LOIS LOWRY

HÜTER DER ERINNERUNG

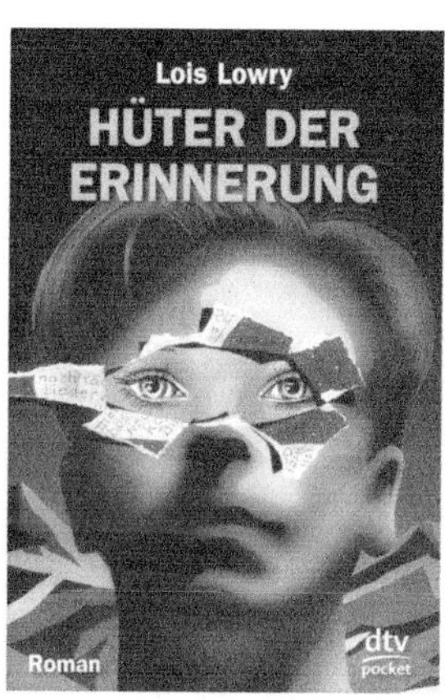

Die Seitenangaben beziehen sich auf die Textausgabe
Lois Lowry
Hüter der Erinnerung
dtv pocket 78225

Lehrerheft

INHALTSVERZEICHNIS

„Diese Gefühle waren um so vieles tiefer und man musste auch nicht darüber sprechen. Man *empfand* sie einfach.“ (S. 184)

Diese Erkenntnis des jungen Protagonisten Jonas betrifft eines der zentralen Themen des Romans „Hüter der Erinnerung“. Sie spricht zugleich eine Problematik unserer Gesellschaft an und kann auf diesbezügliche Erfahrungen der jungen Leserinnen und Leser zurückgreifen. Die Unfähigkeit oder die Abneigung, Gefühle auszusprechen und darüber zu reden, die Angst, durch Gefühlsregungen berufliche sowie private Nachteile zu verursachen und so dem erhofften gesellschaftlichen Ansehen und einer möglichen Karriere entgegenzuwirken, können alle Altersgruppen betreffen.
Durch die Zuschreibung geschätzter Charaktermerkmale wie Mut, Tapferkeit, Intelligenz und Durchhaltevermögen bietet sich Jonas als Identifikationsfigur gerade für Jugendliche an. Sein Umgang mit den durch die Erinnerungsübertragungen ausgelösten tieferen Gefühle, sein Standhalten auch in belastenden Situationen, seine Fähigkeit zu authentischer Kommunikation und sein Wille zu positiven Veränderungen zielen auf Haltungen und Verhaltensweisen, die in unserer Lebensrealität eine ebenso positive Rolle spielen. Ein Roman mit einem solchen Vorbild-Protagonisten eignet sich in besonderem Maße als Schullektüre. Hinzu kommen weitere Themenkreise, die einem Bildungsauftrag, der auch Persönlichkeitsentwicklung und -stabilisierung umfasst, Rechnung tragen: die Auseinandersetzung mit gegensätzlichen Gesellschaftssystemen, die Kontrollmechanismen zur Machtsicherung, die Manipulierbarkeit des Menschen, das Sicherheitsbedürfnis, die Gegenüberstellung von Selbst- und Fremdbestimmung, die heilende Kraft von Gemeinsamkeit und die Unverzichtbarkeit des historischen Bewusstseins, um nur einige Ansatzpunkte zu nennen. Die Möglichkeit einer Differenzierung durch Auswahl der Themen und vor allem des Umfangs der Bearbeitung lässt Raum für ein individuell auf die jeweilige Lerngruppe ausgerichtetes Vorgehen.

Das vorliegende Schülerarbeitsheft bereitet durch seine Ausrichtung auf die in den Bildungsstandards für das Fach Deutsch bundesweit festgelegten Kompetenzen auf die Anforderungen, die in den Schuljahren vor den Abschlussprüfungen und in den Prüfungen für den Hauptschul- und den Mittleren Bildungsabschluss an die Schülerinnen und Schüler gestellt werden, vor. Durch die Bezugnahme auf die Bildungsstandards ist gleichzeitig die Verbindung zu den Lehr- und Stoffverteilungsplänen der einzelnen Bundesländer und Schulen garantiert. Daher sind diese Materialien bundesweit in den Klassen 8–10 einsetzbar.

Die Aufgabenstellungen berücksichtigen allgemeine Schlüsselkompetenzen wie Selbstständigkeit, Sozialkompetenz und Teamfähigkeit, Kritik- und Entscheidungsfähigkeit sowie die spezifischen Fertigkeiten und Fähigkeiten des Faches Deutsch mit seinen Teilbereichen. Die Aufgabenstellungen umfassen einerseits Methoden und Arbeitstechniken, die zur Analyse und Interpretation hinführen, andererseits tragen die kreativen Möglichkeiten der Handlungs- und Produktionsorientierung so auch der notwendigen Differenzierung Rechnung. Zudem sind Aufgabenstellungen eingearbeitet, die bundesweit in Tests üblich sind.

Die Lehrerhandreichung erweitert das Spektrum der Themen und Aufgabenstellungen, bietet ausführliche Hinweise zu den Aufgaben in beiden Heften und vertieft die Einsichten in die Textbotschaft. Zudem enthält sie die Formate des Gestaltenden und Interpretierenden Schreibens, die nicht die unterschiedlichen Klassenarbeitsformen in den einzelnen Bundesländern ersetzen sollen. Sie gibt Anregungen zu Klassenarbeitsthemen und bereitet auf die Produktion der gestaltenden Textformen des innerem Monologs und der erlebten Rede vor. Eine Vorschlagsliste für Klassenarbeitsthemen und Tests ist angefügt.

Zuletzt, aber mit besonderem Nachdruck, sei darauf hingewiesen, dass die Aufgabenstellungen und das Layout des Heftes zum Teil auch versuchen, die Atmosphäre, in die das Buch den Leser entführt, einzufangen.

In diesem Sinne wünsche ich Ihnen viel Freude beim Lesen der Lektüre und ihrer Behandlung im Unterricht.

Eleonore Plaß

KOMMENTIERENDE INHALTSZUSAMMENFASSUNG DES ROMANS

Der Roman „Hüter der Erinnerung" spielt in einem Land der Zukunft, in dem die ‚Gleichheit' herrscht. Unfrieden und Krieg stiftende Unterschiede zwischen den Menschen und ihren Lebensbedingungen sind abgeschafft. Dem Genre der Science-Fiction-Literatur Rechnung tragend, umfasst die ‚Gleichheit' auch die Natur. Es gibt weder den Ablauf der Jahreszeiten noch Naturkatastrophen. Tiere sind nur als Nahrungsmittel bekannt, für das Zuchtanstalten sorgen.
Die Menschen haben keine Erinnerungen an die Zeit vor der ‚Gleichheit' und so keine Vergleichsmöglichkeiten, sie kennen keine Farben, Tiere und vor allem keine echten tiefen Gefühle. Die Menschen leben in Sicherheit und Ordnung. Alles ist durchgeplant. Familien entstehen nicht natürlich, sondern durch Zuordnungen durch das Komitee, das für die Machthaber steht. Geschickt ist verdeutlicht, wie ein totalitäres System, das diese Gemeinschaft ist, funktioniert: Durch ein ausgeklügeltes Überwachungssystem, durch Regeln, Rituale und Strafen werden die Menschen im Gehorsam gehalten. Auf eine Erziehung im Sinne der ‚Gleichheit' wird großer Wert gelegt, Indoktrination und Manipulation charakterisieren den Umgang mit den Heranwachsenden.

Immer wieder taucht der Begriff ‚Freigabe' auf, aber niemand weiß, was er bedeutet. Vermutungen ist damit Raum gegeben, die jedoch alle in Richtung ‚Weiterleben an einem anderen Ort' weisen, die Wahrheit wird nicht gedacht. Erinnerungen an Zeiten vor der ‚Gleichheit' haben die Menschen nicht, ihnen fehlt somit das historische Bewusstsein und die Möglichkeit, aus der Vergangenheit zu lernen. Nur ein Mitglied der Gemeinschaft weiß um die Erinnerungen „der ganzen Welt", der sogenannte Hüter. Er durchlebt stellvertretend für die Mitglieder diese Erinnerungen, gewinnt dadurch an Weisheit, leidet aber auch sehr. Durch diese Figur hat die Autorin einerseits die Möglichkeit, das Leben in der Gemeinschaft anschaulich mit dem Leben vor der Zeit der ‚Gleichheit' – also unserer Lebensrealität mit ihrer Lebensvielfalt und ihren Schrecken – zu vergleichen, andererseits ist eine Figur geschaffen, die den Handlungsablauf maßgeblich beeinflussen kann.

Ihm wird der zwölfjährige Jonas zur Seite gestellt, der in seiner Pseudo-Familie mit seinen ‚Eltern' und seiner jüngeren ‚Schwester' Lily lebt und seine Freizeit mit seinen Freunden Asher und Fiona verbringt. Jonas soll zum Nachfolger des Hüters ausgebildet werden, was der Hüter als Geber (Giver) selbst übernehmen wird. Nach und nach überträgt er dem Jungen gute und schlechte Erinnerungen. Das erweist sich als anstrengend und belastend. Einfühlend sind die Reaktionen des Jungen auf die Übertragungen beschrieben, von dem angenehmen Gefühl der Wärme, das der Sonnenschein vermittelt, bis hin zu dem Schockerlebnis der Kriegs-Erinnerung, das durch den übertragenen Weihnachtsabend und die Erkenntnis, was Liebe ist, zwar ausbalanciert, aber nicht aufgehoben wird: ein Abbild der Lebenswirklichkeit.

Durch die Erfahrungen, die Jonas dabei macht, verändert er sich. Der Roman lässt den Leser miterleben, wie sich die Gefühlsfähigkeit entwickelt, die Kraft, Belastungen auszuhalten gestärkt wird und das kritische Denken erwacht. Jonas wird zum Symbol des positiven und gestaltenden Menschen, der in der Wirklichkeit bestehen und zu Veränderungen beitragen kann.

Nicht nur das Glück und das Leid des Lebens, die Ungleichheit, sind Themen des Romans. Auch die Schein-Beziehungen und die echten Beziehungen sind dargestellt. Gespräche in den Familien entsprechen nicht den Kriterien authentischer Kommunikation, wohl aber die Unterhaltungen, die der Geber und Jonas führen. Sie sind von Einfühlungsvermögen, Vertrauen und Wahrhaftigkeit geprägt und stehen für eine Gemeinsamkeit, die mutiges Handeln möglich macht. So fühlt sich Jonas im Gegensatz dazu immer mehr isoliert von seinen Freunden und seiner Familie, da er nur mit dem Hüter über seine Ausbildung sprechen darf.

Den Höhe- und Wendepunkt im Handlungsverlauf bildet das Ansehen des Videos von der ‚Freigabe' eines Zwillingsbabys durch den ‚Vater' von Jonas. Der Junge muss erkennen, dass ‚Freigabe' Tötung bedeutet. Getragen von seiner bisherigen Entwicklung, darf diese Erkenntnis für Jonas nur bedeuten, dass gehandelt werden muss. Zusammen mit dem Geber entwickelt er einen Plan für eine Flucht nach *Anderswo*, den Ort, nach dem er sich immer gesehnt hat, in der Gewissheit seiner Existenz.

Durch seine Flucht werden die Erinnerungen, die er schon übertragen bekommen hat, frei und kommen zu den Menschen in der Gemeinschaft zurück, die nicht gelernt haben, mit ihnen umzugehen. Deshalb bleibt der Geber zurück, um ihnen beizustehen, ein Hinweis auf die Möglichkeit positiver Veränderung. Jonas flieht mit dem Baby Gabriel, dem die ‚Freigabe' droht, und beide erreichen nach langer, entbehrungsreicher und Kräfte zehrender Flucht den Gipfel des Hügels, an dessen Fuß *Anderswo* liegt. Jonas fühlt sich am Ziel.

Das Romanende führt Jonas' ‚Heimkehr' und die ‚Rettung' der Gemeinschaft nicht aus, deutet sie nur im letzten Satz an. Das aktiviert die Vorstellungsfähigkeit des Lesers und gibt den drei Fortsetzungen Raum, die den „Hüter der Erinnerungen" zu einem Quartett komplettiert haben.

INTERPRETATIONSASPEKTE

„Das Buch macht einem bewusst, was das ‚Mensch sein' ausmacht und was für ein Glück es ist, frei und individuell zu sein."[1]

So heißt es in einer Rezension über den Roman „Hüter der Erinnerung". Diese Erkenntnis wird ausgelöst durch die Darstellung einer Gesellschaft der ‚Gleichheit', in der die Menschen ohne die Risiken des Lebens in einer monotonen Zufriedenheit existieren, die aber vom Einbruch der Lebensfülle mit ihren Glücks- und Schmerzerfahrungen, ihren Ungleichheiten und Ungerechtigkeiten sowie ihren Gefühlstiefen überholt wird.
Dieses ‚Land der Gleichheit', ein bedrohlicher Zukunftsentwurf, entspricht mit seiner thematischen Ebene formal dem Genre der Science-Fiction-Literatur. Der „Hüter der Erinnerung" ist ein utopischer Roman, eine Dystopie, die das Szenario von einer Gesellschaft entwirft, das uns als Warnung vor negativen Entwicklungen dienen kann. Dieser Roman liefert den Gegenentwurf im Sehnsuchtsziel *Anderswo* gleich mit.
Typische Elemente der Science-Fiction-Literatur sind geschickt in die Handlung eingebettet: Der Gemeinschaft ist eine geografische Lage zugewiesen, natürliche Voraussetzungen sind nicht außer Acht gelassen. Die Gemeinschaft grenzt sich ab von der Außenwelt, weiß aber um deren Existenz.
Eingeordnet in eine politische Organisation, werden Familienstrukturen, Arbeitsbedingungen und das Vertrauen auf Wissenschaft und Planung dargestellt.
Eine auf die Innenwelt zugeschnittene Moral ist abgesichert durch entsprechende Erziehungs- und Kommunikationskultur im Alltag. Sehr einprägsam zeichnet der Roman das Bild einer Gemeinschaft in Sicherheit, die in einem totalitären System in Gehorsam gehalten wird durch Überwachung, Manipulation und Indoktrination. Der Handlungsverlauf veranschaulicht, dass der Preis für diese Sicherheit und Perfektion zu hoch ist. Darauf weist auch der offene Schluss hin, der den jungen Protagonisten Jonas am Ende seiner Flucht in eine ungewisse, aber menschlichere Gesellschaft zeigt. Dieses offene Ende bedeutet Niveau des Textes, der nicht in klischeehafte Harmonisierung flüchtet, sondern den Leser seinen individuellen Vorstellungen und Überlegungen aussetzt. So regt die Negativ-Utopie zur Auseinandersetzung mit der eigenen Gesellschaft an, kann zur Wertschätzung von Entscheidungsfreiheit und Individualität führen.
An der Entwicklung von Jonas vom überzeugten Bürger seiner Gemeinschaft zu einem Kritiker des Systems werden eindrucksvoll die zentralen Themen veranschaulicht: der Wert des historischen Gedächtnisses, die Unverzichtbarkeit von Authentizität und Tiefe der Gefühle, die das Miteinander konstituierende Beziehungsfähigkeit. Das Erleben von Liebe, Glück und Geborgenheit, die positive Seite der Gefühlsfähigkeit repräsentierend, mischt sich in unvorhersehbarer Abfolge mit Empfindungen von Wut, Schmerz, Trauer und Verzweiflung.
Bis ins Detail werden die Mittel der Manipulation beschrieben. Sprachgenauigkeit, Gefühlsunterdrückung, Vergessen der Erinnerungen, Identifikationssymbole, Kooperationsregeln und Überwachung zeichnen das Bild dieser Gemeinschaft und werden der wichtigen Aufgabe von Literatur gerecht: Vorstellungen anzuregen. Die Frage, inwieweit die Gemeinschaft mit ihren Gefühlsresten ein Abbild unserer Gefühlskälte und Gefühlsverdrängung sein kann, liegt nahe und weist Lowrys Roman ein weiteres Mal als wertvollen Beitrag zur Jugendliteratur aus, der geschickt die Möglichkeiten des Science-Fiction-Genres nutzt.
Viele Diskussionsthemen lassen sich anbinden: das Verhältnis von Selbst- und Fremdbestimmung, von Menschenwürde und Systemtreue, die Bedeutung des historischen Gedächtnisses. Probleme wie Euthanasie und Sterbehilfe beziehen sich ebenso auf historische und politische Bereiche wie auf Fragestellungen von Ethik und Religion.
Durch Jonas, der sich widersetzt, kann an Individuen und Gruppen appelliert werden, ihre kreativen Fähigkeiten und positiven Kräfte einzusetzen. Mit den Namensgebungen ‚Jonas' und ‚Gabriel' wird die religiöse Dimension ins Spiel gebracht. Beide Namen können als Verbindung zu Gott interpretiert werden, der durch die Rettung des Babys Gabriel Kontinuität über den Roman hinaus zugesprochen wird. Beide Namen unterstützen eine positive Deutung des offenen Schlusses.
Positiv wird in vielen Rezensionen die kunstvolle Erzählstruktur gesehen, die Möglichkeiten eines personalen Erzählers erweitert durch viele Dialoge, die Fähigkeit des Erzählers, genau zu beobachten und Schlussfolgerungen zu ziehen, und den Kunstgriff, das Video der Freigabe des Zwillings in die Darstellung einzubeziehen.[2]
Man kann den lobenden Worten nur zustimmen, die Ute Hentschel für den Roman findet:
„Lois Lowry ist ein glaubwürdiger und spannender Zukunftsentwurf gelungen, der bis zur letzten Seite fesselt und ganz ohne Technik-Schnickschnack auskommt. Sprachlich kunstvoll beschreibt sie die neue Welt [...]. So wirkt die Gestaltung der zukünftigen Gesellschaft weder aufgesetzt noch konstruiert."[3]

1 http://buchjunkies.blog.de/2011/06/11/hueter-erinnerung-lois-lowry-11298125/ (Link veraltet, letzter Aufruf Mai 2014)
2 Informationen dieser Interpretationshinweise aus den in den Literaturhinweisen angeführten Internetadressen
3 http://www.lesebar.uni-koeln.de/rezensionlesen.php?id=150

METHODISCH-DIDAKTISCHE HINWEISE

Vor jeder Beschäftigung mit einem literarischen Werk steht die Frage: Wie lässt sich der Text den Jugendlichen Gewinn bringend vermitteln? Die Antwort, die Günther Waldmann[4] gibt, weist auf Möglichkeiten hin, die von der Deutschdidaktik seit geraumer Zeit schon berücksichtigt werden:

„Wenn es zutrifft, dass die Schwierigkeiten des kritischen Lesens insbesondere damit zusammenhängen, dass elementare affektiv-emotive Persönlichkeitsstrukturen des Schülers vernachlässigt, dass seine affekthaft-emotional bestimmte Bedürfnissituation übersehen, dass aufgrund einer falschen Einschätzung seiner Bedürfnislage seine kognitiven Möglichkeiten nicht richtig beurteilt werden, dann liegt ein Ausweg wohl nicht in einem noch intensiver rational organisierten Konzept des Literaturunterrichts [...]. Es ist ein didaktisches Konzept zu wählen [...], das dabei auch einen affektiv-emotiven Umgang mit Literatur ermöglicht."

Zu denken ist dabei an die handlungs- und produktionsorientierten Aufgabenstellungen, zu denen auch die theaterpädagogischen Angebote zu rechnen sind, die kreative Verfahren einschließen und damit auch ästhetischen Wahrnehmungskräften Raum geben. Zu berücksichtigen ist ebenso das didaktische Gewicht, das Lebensnähe und Schülerinteresse haben. So versuchen Schüler- und Lehrerheft diesen Weichenstellungen der Didaktik so weit wie möglich Rechnung zu tragen, ohne das analysierende Vorgehen außer Acht zu lassen.

Die Arbeit mit dem Schülerheft soll das Erfassen des Inhaltes erleichtern, Figuren und Beziehungsmöglichkeiten deutlich machen, zur Reflexion über Sprache und ihre Funktion anleiten und Textbotschaften vermitteln. Die unterschiedlichen Aufgabenstellungen berücksichtigen analysierende, interpretierende und kreative Arbeitsweisen und sollen zur Förderung dieser Fähigkeiten beitragen.

Die Zusammenstellung der Aufgaben ist einerseits ausgerichtet auf sorgfältigen differenzierten Umgang mit einem literarischen Text, andererseits hat sie – durch die handlungs- und produktionsorientierten Arbeitsaufträge – die Lesefreude, die Stärkung der Empathie-Fähigkeit sowie die damit einhergehende Lesemotivation im Blick.

Viele Aufgaben im Schülerheft eignen sich zur Bearbeitung in Paar- oder Gruppenarbeit, andere lassen sich gut als Hausaufgaben erledigen. Die Wahl der Sozialform liegt in der Hand der Lehrperson, die nach Kriterien wie Leistungsfähigkeit, Unterrichtsmanagement und Zeitökonomie sowie der Bedeutung, die der Teamfähigkeit zugewiesen wird, entscheiden kann. Das gilt auch für die Auswahl der zu bearbeitenden Aufgaben im Hinblick auf Differenzierung.

In einer Schullandschaft, in der ‚Kompetenz' zu einem Schlüsselbegriff der Bildungspolitik geworden ist, wird erwartet, dass im Unterrichtsmaterial die Vermittlung von Basiskompetenzen berücksichtigt ist. Häufig wird der Kompetenzgedanke an den Teilbereichen des Deutschunterrichtes festgemacht, die – ohne detailliert die unterschiedlichen Formulierungen der einzelnen Bundesländer in den Blick zu nehmen – Sprechen und Zuhören, Lesen, Schreiben, Sprachreflexion betreffen, wobei der Umgang mit den Medien impliziert ist.

Rainer Lersch gibt einige bedenkenswerte Hinweise:[5]

1. Kompetenzen sind erlernbare, kognitiv verankerte (weil wissensbasierte) Fähigkeiten und Fertigkeiten, die eine erfolgreiche Bewältigung bestimmter Anforderungssituationen ermöglichen. Im Kompetenzbegriff fallen Wissen und Können zusammen; er umfasst auch Interessen, Motivationen, Werthaltungen und soziale Bereitschaften. Kompetenzen sind demnach kognitive Dispositionen für erfolgreiche und verantwortliche Denkoperationen oder Handlungen.
2. In Kompetenzmodellen lassen sich Teilkomponenten einer Kompetenz, Niveaustufen im Erreichen der Kompetenz bzw. Entwicklungsverläufe für den Kompetenzerwerb beschreiben. Der Erwerb einer Kompetenz bzw. das erreichte Niveau zeigen sich in der (überprüfbaren) Performanz, also in der Art und Weise, bzw. dem Grad erfolgreicher Situationsbewältigung.
3. Man unterscheidet zwischen fachlichen und überfachlichen Kompetenzen wie Schlüsselqualifikationen, allgemeinen Lern- und Problemlösungsstrategien, sozialen oder kommunikativen Fähigkeiten usw. Während für fachliche Kompetenzen präzise Angaben zu den Komponenten und Niveaus formuliert werden können (= Standards), und über entsprechende Gestaltungen der Anforderungssituationen (z. B. Aufgaben oder Tests) der Grad des Erwerbs der jeweiligen Kompetenz auch überprüft werden kann, gestaltet sich dies für überfachliche Kompetenzen deutlich schwieriger.
4. In der Schule werden überfachliche Kompetenzen in der Regel im Kontext fachlicher Lehr- und Lernprozesse erworben.

4 Günther Waldmann: *Überlegungen zu einer kommunikations- und produktionsorientierten Didaktik literarischer Texte.* In: Literatur im Unterricht, hg. von Herbert Mainusch. München 1979 = Kritische Information 74, S. 332.

5 Vgl. Rainer Lersch: *Kompetenzfördend unterrichten – 22 Schritte von der Theorie zur Praxis.* PÄDAGOGIK, Heft 12/2007.

Kompetenzen können in sozial anerkannter, aber auch in devianter Form genutzt werden. So können Kommunikationskompetenzen befähigen, zu einem respektvollen Miteinander beizutragen, aber auch zur Manipulation.
So ist in der Schule die Kompetenzentwicklung zu binden an eine gleichzeitige Entwicklung eines Systems, das an soziale und gesellschaftliche Normen und Werte gebunden ist. Das verleiht den Inhalten eine hohe Funktion.

Im Umgang mit Texten spielte die Kompetenzvermittlung seit jeher eine Rolle, lief sozusagen als ‚verstecktes' Arbeitsergebnis mit, immer in der Gefahr, sich in der Mittelpunktstellung der Inhaltsvermittlung zu verlieren. Durch die veränderte Perspektive auf den Lehr-Lern-Vorgang verändert sich auch das Verhältnis von Inhalt und Kompetenz.
Das bedeutet zum Beispiel, dass nicht das Verständnis einer bestimmten Textstelle aus dem Roman „Hüter der Erinnerung" das letztlich entscheidende Ergebnis ist, sondern die Fähigkeit, Texte zu verstehen und entscheiden zu können, in welchen Lebens- und Berufssituationen dies gefordert ist. Nur im Zusammenwirken aller Unterrichtsaktivitäten über die Schuljahre hinweg bilden sich die Kompetenzen aus, die in Alltag und Beruf unter Beweis gestellt werden müssen. In einzelnen Einheiten wie der Lektüre und Erarbeitung einer Ganzschrift kann diese Entwicklung zusätzlich unterstützt werden durch Transparentmachen der Vorgehensweise und dem Bereitstellen von entsprechenden Strukturierungshilfen. Zudem sollten die Erfahrungen, die die Lehrperson mit den unterschiedlichen Entwicklungsschritten der Schülerinnen und Schüler im Hinblick auf die Kompetenzen macht, festgehalten werden, um Grundlage für die Weiterarbeit mit folgenden Unterrichtseinheiten sein zu können.
Es wäre auch denkbar, an einer passenden Stelle einen Exkurs einzufügen. Zum Beispiel kann an den Gesprächsvergleich eine Beschäftigung mit Gesprächsregeln und mit dem eigenen Kommunikationsverhalten eingeschoben werden. Diese Fähigkeiten gehören zu den Grundlagen der Kommunikationskompetenz, von denen das Gelingen der Kommunikation im Privat- und Berufsleben abhängt. Falls Unterrichtsplanung und Zeitökonomie es erlauben, können an dieser Stelle weitere Trainingsmöglichkeiten zu diesem Schwerpunkt eingefügt werden. Um den Bezug zur Lektüre nicht zu verlieren, sollten Abgleiche mit dem Verhalten der Romanfiguren einbezogen werden.

Ein zweiter, immer mehr in den Blick geratender Begriff ist ‚Differenzierung', verschärft ‚Binnendifferenzierung'. Die Unterrichtspraxis ist auf dem Weg, sich darauf in stärkerem Maße einzulassen. Eine brauchbare Auflistung von Gesichtspunkten, was Differenzierung bedeuten kann, hat Hans Meister zusammengestellt:[6]

Grundlegend werden einer funktionierenden Binnendifferenzierung die folgenden Notwendigkeiten zugeordnet:

- Bereitschaft der Lehrenden, sich in Lernprozesse einzulassen und ihr Rollenverständnis zu überdenken
- kreativer Umgang mit Methoden und deren theoriegeleitete Fundierung
- Vertrauen in die Verantwortlichkeit der Lernenden
- schrittweise Veränderung der Notengebung
- Erwerb von Methodenkompetenz der Lernenden

Die Möglichkeiten von Differenzierung zeigen sich in unterschiedlichen Bereichen:

- in Arbeitsweisen und Unterrichtsformen, Rhythmisierung des Unterrichts, Lehrer- und Schüleraktivitäten, Sozialformen, Medien
- in Inhalten, Themen, Stoffen, Interessen, dem Niveau der Fachleistung
- Wahlmöglichkeiten, Hausaufgaben
- in Kontrollmöglichkeiten, Bezugssystemen der Bewertung, Einbeziehen des Entwicklungsstandes der einzelnen Schüler und Schülerinnen, Unterstützungen und Hilfen
- Lernorten, Klassenraumgestaltung
- in Zielen

6 Vgl. Hans Meister (Hg.): *ABC für differenzierenden Unterricht.* Saarland, Landesinstitut für Pädagogik und Medien (LPM), Saarländische Beiträge zur pädagogischen Praxis 2 1998.

HINWEISE ZU DEN THEMENSCHWERPUNKTEN DES SCHÜLERHEFTES

Allgemeine Hinweise

Grundlage der Behandlung des Romans ist die Sicherung des Inhaltes. Bei den Aufgaben zur Inhaltssicherung wurde auf ein variationsreiches Angebot geachtet, das der Differenzierung Rechnung trägt. Es werden zwei Möglichkeiten zur Wahl angeboten, die sich durch den Schwierigkeitsgrad unterscheiden. In ***Aufgabe 1a*** sind Ankreuzaufgaben zu lösen, Lückentexte zu vervollständigen, Teilsätze einander zuzuordnen, Sätze zu vervollständigen und Fragen zum Inhalt zu beantworten.
Aufgabe 1b verlangt Inhaltszusammenfassungen mithilfe von Stichwörtern, Erweiterungen zu den Lösungen der Aufgabe 1a, Hinzufügen von Anfangs -, Mittel- oder Schlussteilen zu den Lösungen der Aufgabe 1a und eigene Zusammenfassungen des Inhaltes. Das Verfassen mit eigenen Worten trainiert die Formulierungsfähigkeit.
Wie die Wahlmöglichkeit am besten genutzt wird, kann nur in Bezug auf die jeweilige Lerngruppe entschieden werden.

Um die Inhaltssicherung mit ersten Deutungen zu verbinden, die in Vermutungen, Fragen und Meinungen schon beim Lesen in den Blick geraten, ist die ***Aufgabe 2*** hinzugefügt, die von allen Schülern und Schülerinnen zu bearbeiten ist. Hier besteht die Differenzierung in der Art der Aufgabenstellungen: ***2.1*** arbeitet analytisch, ***2.2*** stellt handlungs- und produktionsorientierte Aufgaben. Beide zielen in unterschiedlicher Weise auf Detail-Informationen, die Anbindung an die Lebensrealität, thematische Aspekte und das Vorstellungsvermögen.

Eine weitere Differenzierung erfolgt durch die ***Aufgabe 3***, die zur Wahl gestellt ist. Aufgaben, die sich unter anderem auf Erläuterungen von Textstellen, Stellungnahmen sowie Informationsentnahme zur Nutzung eigener Texte und dem Transfer in die Lebensrealität beziehen, garantieren eine vertiefende Sicht auf den Roman und können je nach Schwierigkeitsgrad bei stärkeren und schwächeren Lerngruppen zur Motivation beitragen.

Die Textbegegnung kann – je nach Lerngruppe – unterschiedlich gestaltet werden. Leistungsstarke Schülerinnen und Schüler sollten die Lektüre als Hausaufgabe erledigen. Schülerinnen und Schüler mit einer geringeren Leseleistung und/oder Lesemotivation profitieren von einer Kombination mit dem Hörbuch, das alternierend zur häuslichen Lektüre, stillen Lesephasen oder für die gesamte Textbegegnung eingesetzt werden kann.

Die Arbeit mit dem Hörbuch

Nach dem Mehrebenenmodell[7] der Lesekompetenz sind für deren Erwerb drei Ebenen zu berücksichtigen:

1. Prozessebene 2. Subjektebene 3. Soziale Ebene

Die Prozessebene baut sich in fünf Anforderungsdimensionen auf. Basis ist die Buchstaben-, Wort- und Satzerkennung, die in der Grundschule ihren Platz hat, sich aber teilweise in die weiterführenden Schulen verlagert hat. Die zweite Dimension bedeutet die lokale Kohärenzbildung durch Verknüpfung von Satzfolgen. Daran schließt sich der Erwerb der globalen Kohärenzbildung (Gesamtverständnis des Textes) an. Die beiden höchsten Anforderungsdimensionen – die formale Organisation eines Textes erkennen und ein mentales Modell (innere Repräsentation) entwickeln – schließen den Erwerb der Lesekompetenz ab.

Das Hörbuch kann über den Verlag bestellt werden. Bestell-Nr. HörHüter

Für die schwächeren Leser sind die beiden ersten Anforderungsdimensionen schon so aufwendig, dass die kognitiven Ressourcen aufgebraucht werden und für das Gesamtverstehen nicht mehr zur Verfügung stehen. Hier setzt die Arbeit mit dem Hörbuch ein. Durch das gleichzeitige Hören und Lesen wird den Schülerinnen und Schülern die Decodierung abgenommen und damit die lokale und globale Kohärenzbildung erleichtert. Die Weiterarbeit mit dem Text und das Selbst(lese)konzept werden positiv beeinflusst.
Das Hörbuch zum Roman „Hüter der Erinnerung" ist durch seine geglückte sprecherische Umsetzung gut für diese Vorgehensweise geeignet. Da es den Text nicht 1:1 übernimmt, ist es hilfreich, sich mit der Hörfassung vor ihrem Einsatz im Unterricht bekannt zu machen, um die Schülerinnen und Schüler beim Mitlesen leiten zu können. Es ist der Entscheidung der Lehrperson zu überlassen, ob und wie sie – angepasst an die Lerngruppe – den Einsatz mit dem Hörbuch organisiert.

7 Informationen aus: Cornelia Rosebrock/Daniel Nix; *Grundlagen der Lesedidaktik und der systematischen schulischen Leseförderung*, Schneider Verlag Hohengehren GmbH, 2010, S. 16

1. INHALT UND ERSTE DEUTUNGEN (SH S. 4)

SH 4

Die Inhaltssicherung ist in fünf Einheiten untergliedert, die sich aus Handlungsabschnitten ergeben. Diese Einheiten sind jeweils zusammengebunden durch dieselbe Aufgabenstellung der ***Aufgaben 1a*** und ***1b***, deren Schwierigkeitsgrad im Verlauf der Einheiten erhöht wird. Da der Text Begriffe enthält, die zunächst unverständlich sein könnten, weil sie nur aus dem Textzusammenhang zu erklären sind, wird vorgeschlagen, sich auf einem gesonderten Blatt ein ‚Wörterbuch' anzulegen, in das die Bedeutungen dieser Begriffe eingetragen werden. Dieses Blatt kann zur steten Verfügbarkeit in das Textbuch geklebt werden. Manche Begriffe sind nicht sofort zu erklären, da die entsprechenden Informationen erst in nachfolgenden Kapiteln gegeben werden. So wird das ‚Wörterbuch' von Kapitel zu Kapitel vervollständigt.

I. ALLTAG UND REGELN (SH S. 5)

SH 5–13

Als Alternative zu den ***Ankreuzaufgaben (1a)*** wird in ***1b*** das ***Schreiben einer Inhaltszusammenfassung nach Stichwörtern*** verlangt. Durch die Auswahl der Stichwörter werden die Informationen zum Inhalt, die in den Items von ***1a*** enthalten sind, erweitert.

Kapitel 1 (S. 7–19)

Aufgabe 2.1 lässt Charakteristika der Gemeinschaft zusammenstellen, die den Lebensraum Jonas' veranschaulichen, der als Ausgangspunkt der Handlung eine wichtige Rolle im Roman spielt. Die Auflistung von Unklarheiten und Fragen soll zu Diskussionen anregen. ***2.2*** gibt Gelegenheit, eigene Eindrücke zu verbalisieren und ein handlungs- und produktionsorientiertes Ergebnis zu erhalten. Durch die Vorarbeit stehen für das Verfassen des Elfchens genügend Informationen zur Verfügung.
Die ***Wahlaufgabe 3*** leistet den Transfer in die Lebensrealität der Lerngruppe und weist darauf hin, dass im Umgang mit jugendlichen Straftätern zwar Gemeinsamkeiten zwischen Roman und Realität vorhanden sind, aber durch die Maßnahme der ‚Freigabe' ein schwerwiegender Unterschied besteht, der von Anfang an eine Kritik am Machtsystem der Gemeinschaft verlangt.

Kapitel 2 (S. 20–31)

Die Beschäftigung mit möglichen Berufen für Jonas, zu der ***Aufgabe 2.1*** auffordert, trainiert einerseits das Vorstellungsvermögen und leistet andererseits den Transfer in den Bereich der Lebenswelt, der für die Schülerinnen und Schüler zum Zeitpunkt der Lektüre eine wichtige Rolle spielen könnte. Auf diesen Zeitpunkt nimmt ***2.2*** Bezug, da diese Aufgabe zu einer Beschäftigung mit der eigenen gefühlsmäßigen Reaktion auf bevorstehende Veränderungen auffordert.
Wahlaufgabe 3 lenkt im Transfer den Blick auf Probleme, die bei der Berufsentscheidung in unserer Gesellschaft auftauchen können, und weist so zurück auf Vor- und Nachteile, die Jugendliche in der Gemeinschaft haben.

Kapitel 3 (S. 32–39)

Um den Gegensatz zur Gleichheit zu veranschaulichen, fordert ***Aufgabe 2.1*** Merkmale im äußeren Erscheinungsbild der Menschen, die ihre Verschiedenheit verdeutlichen. ***2.2*** vertieft die Veranschaulichung durch Bildmaterial.
In diesem Zusammenhang nimmt ***Aufgabe 3*** auf das wichtigste äußere Unterscheidungsmerkmal, die hellen Augen, Bezug. Durch die Erläuterung einer entsprechenden Textstelle wird Textverständnis trainiert und Figuren wie Jonas und Gabriel werden näher charakterisiert.

Kapitel 4 (S. 40–49)

Die Formulierung der Nacktheitsregel verlangt Sprachgenauigkeit und weist auf eine wichtige, das Leben in der Gemeinschaft prägende Regel hin ***(Aufgabe 2.1)***. Die Aufforderung, die Stimmung im Bade-Saal durch Musik zu unterstreichen ***(2.2)***, gibt Gelegenheit, sich mit Möglichkeiten im Bereich der sinnlichen Wahrnehmung zu beschäftigen.
Im Gegensatz dazu nimmt die ***Wahlaufgabe 3*** das Problem des Abschieds und seiner Rituale in den Blick, die im Kapitel angesprochen sind. Durch die gestellte Frage sollen die Schülerinnen und Schüler auf die Brisanz dieses Themas aufmerksam gemacht werden.

Kapitel 5 (S. 50–57)

Im Hinblick auf die Entwicklungsphase der jugendlichen Leser hat das Thema des Transfers in die Lebensrealität ***(2.1)*** einen motivationalen Aspekt. So sind Antworten aus dem Bereich der eigenen Erfahrungen möglich, die in ***2.2*** mit individueller Farbsymbolik verbunden werden.

Die ***Wahlaufgabe 3*** konzentriert sich auf Informationsentnahme aus einem zum Thema passenden Text und Informationsnutzung für den Rück-Transfer, der den Einfluss der Pillen-Einnahme für die Figur des Jonas und somit aller Jugendlichen der Gemeinschaft verdeutlichen soll.

Kapitel 6 (S. 58–71)

Aufgabe 2.1 dient der genauen Klärung einer Textinformation und der Anbindung der Antwort an einen Textbeleg. Die Arbeit mit Textbelegen ist eine wichtige Voraussetzung für alle Klassen- und Abschlussarbeiten, die Analyse- und Interpretationsfähigkeit verlangen. In ***2.2*** sind sehr genaues Lesen und auch überfliegendes Lesen für die Lösung der Aufgabe Voraussetzung. Das Ergebnis dient der Veranschaulichung der Erziehungsmethoden in der Gemeinschaft.

Mit der Information über die Ehe- und Familienplanung in diesem Kapitel spricht der Roman ein in unserer Gesellschaft oft diskutiertes Thema an, das auch im Internet seinen Platz gefunden hat. So wird ***Wahlaufgabe 3*** das Interesse der Lerngruppe erhalten, da sie sich mit Möglichkeiten der Partnersuche beschäftigen soll.

Kapitel 7 (S. 72–83)

Aufgabe 2.1 soll sicherstellen, dass die Themen, die bei der Dezember-Zeremonie zur Sprache kommen, richtig erfasst werden, da sie für die Einschätzung der Gemeinschaft sowie für die Jonas-Handlung eine Rolle spielen. Das Kapitel befasst sich mit den Berufszuweisungen für die Zwölfer. So ist es naheliegend, einen Transfer anzubieten, der sich mit den Fähigkeiten der Schülerinnen und Schüler für einen bestimmten Beruf und deren Motivationen beschäftigt. Der Handlungs- und Produktionsorientierung der ***2.2***-Aufgaben und dem Interesse der Jugendlichen Rechnung tragend, wird zum ***Verfassen eines Raps*** aufgefordert.

Da es zu den kritikwürdigen Erziehungsmaßnahmen der Gemeinschaft und auch unserer Gesellschaft gehört, körperliche Züchtigung einzusetzen, lenkt ***Wahlaufgabe 3*** den Blick auf mögliche negative Folgen solcher Verhaltensweisen der Verantwortlichen.

Kapitel 8 (S. 84–92)

Die Begriffe, die als Voraussetzung für Jonas' Eignung als Hüter genannt werden, sind zwar allgemein bekannt, können jedoch oft nicht exakt definiert werden. ***Aufgabe 2.1*** soll diese Definition leisten. Durch die Auseinandersetzung mit der Begrifflichkeit wird auch die Figur des Jonas weiter verdeutlicht. Da nicht nur diese Fähigkeiten in Kapitel 8 im Mittelpunkt stehen, sondern auch die gefühlsmäßigen Reaktionen von Jonas, verlangt ***Aufgabe 2.2*** die Veranschaulichung eines Gefühls durch die Körpersprache, die zu den untrüglichsten Ausdrucksformen der menschlichen Kommunikation gehört

SH 14–20

II. ERINNERUNGEN UND ERFAHRUNGEN (SH S. 14)

Als Alternative zu den ***Lückentexten (1a)*** wird in ***1b*** das Erweitern der Inhalte des Lückentextes durch das Verfassen eines neuen Anfangs verlangt. Da es sich um sehr leichte Lückentexte handelt, werden keine Wörterkästen vorgegeben.

Kapitel 9 (S. 93–101)

Durch die in ***Aufgabe 2.1*** verlangte Untergliederung der Anweisungen wird erstens verdeutlicht, dass das Komitee unterschiedliche Möglichkeiten der Einflussnahme auf das Verhalten der Menschen nutzt. Zweitens trägt die Aufgabe auch zum Training der Sprachgenauigkeit der Lerngruppe bei. ***Aufgabe 2.2*** beschäftigt sich mit den Gedanken und Gefühlen, die durch die veränderten Regelungen für den Nachfolger des Hüters ausgelöst werden. Die Form des Tagebuchs hat eine Möglichkeit des Gestaltenden Schreibens im Blick, die prüfungsrelevant ist.

Wahlaufgabe 3 ist unterteilt in eine Vertiefung eines Aspektes, der Auseinandersetzung Jonas' mit der Befreiung von der Lüge ***(3a)*** und der Aufforderung, sich über die eigenen Meinungen zu diesem Punkt auszutauschen ***(3b)***. Durch diese Aufgabenkombination wird die Figur Jonas weiter charakterisiert und den Schülerinnen und Schülern die Gelegenheit gegeben, sich gleichzeitig mit dem auch für sie wichtigen Thema zu beschäftigen und ihre persönliche mit der Einstellung der Romanfigur abzugleichen.

Kapitel 10 (S. 102–112)

Die Fragen der ***Aufgabe 2*** binden Inhaltswiederholung mit zugehörigen Begründungen ***(2.1)*** und den Transfer in die Lebensrealität ***(2.2)*** sowie analytisch und handlungs- und produktionsorientierte Arbeitsaufträge zusammen. Sie veranschaulichen die erste Begeg-

nung zwischen dem Hüter und Jonas und stehen für den Anfang der Entwicklung der Beziehung der beiden Protagonisten.
Erneut bietet ***Wahlaufgabe 3*** eine Möglichkeit, Texterläuterung zu trainieren. Das ausgewählte Zitat weist auf ein zentrales Thema der Ausbildung hin, das schon in der ersten Sitzung zur Sprache kommt und ein Verhalten des Hüters zeigt, das durch Ehrlichkeit seinem Schüler gegenüber geprägt ist und so zur positiven Beziehung beiträgt.

Kapitel 11 (S. 113–123)

Aufgabe 2.1 fasst in der Begründung für den Namen die Aufgaben des Hüters noch einmal zusammen und schließt sich so an die Arbeitsanweisungen der ***Aufgabe 2*** (Kapitel 10) an. Zudem nimmt sie Bezug auf den Originaltitel des Romans „The Giver", der an dieser Stelle von der Lehrperson eingebracht und diskutiert werden kann. ***2.2*** dient der Veranschaulichung von Details der ersten Ausbildungsstunde. Die Beschäftigung gerade mit dem ersten Erinnerungserlebnis von Jonas spielt eine Rolle für die Vorstellungsfähigkeit des Lesers, da er die Verbildlichung auf später geschilderte Erinnerungen übertragen könnte.
Die Fantasiegeschichte der ***Wahlaufgabe 3*** zielt ebenfalls auf das Vorstellungsvermögen und schließt sich nahtlos an. Der Einsatz einer Fantasiegeschichte bringt zudem Abwechslung in das Unterrichtsgeschehen.

Kapitel 12 (S. 124–135)

In ***Aufgabe 2.1*** ist eine kritische Reaktion von Jonas auf die Gleichheit aufgegriffen, die in der detaillierten Auflistung der Folgen für die Gemeinschaft den Bezug zur Lebensrealität herstellt, da sich in den Ergebnissen diese Lebensrealität widerspiegelt. Durch ***Aufgabe 2.2*** werden eine im Text nur angesprochene Erinnerungsübertragung und der Bezug zur Wirklichkeit gleichermaßen veranschaulicht. ***Wahlaufgabe 3*** lenkt den Blick auf die Aufgabenstellungen selbst und die Erfahrungen der Lerngruppe mit ihnen. Diese Unterbrechung der Beschäftigung mit dem Text trägt einer veränderten Lehrpraxis Rechnung, die durch Reflexion und individuelle Bewertungsmöglichkeiten der Aufgaben zum selbstständigen Arbeiten beitragen kann.

III. BELASTUNGEN UND ZWEIFEL (SH S. 21)

SH 21–24

Das Zeit sparende Zuordnen von Teilsätzen ***(1a)*** verlangt neben der inhaltlichen auch eine grammatikalische Richtigkeit. Wie bei Lückentexten ist das Ergebnis jeweils eine knappe Inhaltszusammenfassung, die dem Überblick über den Handlungsverlauf dient. In ***1b*** wird – wie bei den Kapiteln 9–12 – das Erweitern der Inhalte von ***1a*** verlangt, diesmal durch das Einfügen eines detaillierteren Mittelteils.

Kapitel 13 (S. 136–151)

Die Verdeutlichung der Problematik des Familienlebens des Hüters ***(2.1)*** ist wichtig für die Einsicht in die Schwere der Belastungen, die mit der ‚Ehre' der Auserwählung verbunden ist. ***Aufgabe 2.2*** veranschaulicht diese Isolierung des Hüters durch das Gegenbild der Familie von Jonas und weist gleichzeitig durch das zweite Positionsbild darauf hin, dass der junge Nachfolger dasselbe Schicksal haben wird. ***Wahlaufgabe 3*** greift einen für Jonas entscheidenden Aspekt der Gleichheit auf: die Unmöglichkeit, freie Entscheidungen treffen zu können. Da sich die Lerngruppe in einer Lebensphase befindet, in der die Ablösung von den Eltern eine große Rolle spielt, sollte die Aufforderung zur Stellungnahme zu einem verbreiteten Schutzverhalten der Eltern auf Interesse der jugendlichen Leser treffen und Jonas als Identifikationsfigur anbieten.

Kapitel 14 (S. 152–164)

Aufgabe 2.1 fordert zur Paraphrasierung des Textes auf und bietet den Leistungsschwächeren die Möglichkeit, in den Formulierungen des Textes Hilfen zu finden. Inhaltlich leistet sie die Verdeutlichung des Gegensatzes von schönen und belastenden Erinnerungen und bereitet auf die Verschärfung dieses Gegensatzes vor. ***2.2*** stellt einen zentralen und doppeldeutigen Begriff des Romans in den Mittelpunkt. An dieser Stelle der Lektüre können die Schülerinnen und Schüler schon eine Differenzierung leisten, die sich in den Vorstellungen zeigen würde. Darauf sollte im Unterrichtsgespräch Bezug genommen werden.
Die für Jonas enttäuschende Erkenntnis, dass eine Änderung der Erinnerungsregeln fast unmöglich ist, weist in die Lebenswirklichkeit, in der Veränderungen von Regeln auch mit Schwierigkeiten verbunden sind. Einschränkende Vorschriften sind für Jugendliche fast immer ein Grund zur Kritik. Darin und im Austausch mit Altersgenossen liegt die Motivation, die von der ***Wahlaufgabe 3*** auf die Lerngruppe ausgehen kann.

Kapitel 15 (S. 165–168)

Im Unterschied zur Erläuterung verlangt ***Aufgabe 2.1*** die Verdeutlichung der Aussage durch einen Textbeleg. Das setzt Textkenntnis voraus und trainiert die Fähigkeit zum überfliegenden Lesen, die auch zu den Schlüsselkompetenzen der Lesekompetenz zu rechnen ist. Inhaltlich handelt es sich um eine unverzichtbare Erfahrung in Bezug auf den Gegensatz: Gegenwart der Gemeinschaft – Zeit vor der Gleichheit. ***Aufgabe 2.2*** folgt mit der Aufforderung, eine schöne Erinnerung zu beschreiben, der Handlungsweise des Hüters, der der Kriegserinnerung mit der Weihnachtserinnerung (Kapitel 16) eine der schönsten Möglichkeiten entgegensetzt. So könnten die Extreme des Lebens veranschaulicht und die eventuellen sensibleren Reaktionen auf den Text aufgefangen werden.
In diesem Zusammenhang stellt sich die Frage, welche Rolle Erinnerungen im Leben des Einzelnen und der Gesellschaft spielen. Beides sollte angesprochen werden in einem Rahmen, der der Lerngruppe angemessen ist ***(Wahlaufgabe 3)***. Ob die Diskussion sich auf die individuellen Erinnerungen und ihre Bedeutung für das Leben beschränkt oder den historischen Aspekt, zum Beispiel den Umgang mit der NS-Zeit, einbezieht, hängt von vielen Faktoren ab und ist nur in der aktuellen Unterrichtssituation zu entscheiden.

SH 25–29

IV. ENTSETZEN UND AUFBEGEHREN (SH S. 25)

Die Vervollständigung von Teilsätzen ***(Aufgabe 1a)*** verlangt eigene Formulierungen und ist schwieriger als die bisher zu bewältigenden Arbeitsanweisungen. So bereitet sie vor auf die Inhaltszusammenfassungen der folgenden Kapiteleinheiten. Wie bei den vorherigen 1a-Aufgaben ist das Ergebnis jeweils eine knappe Inhaltszusammenfassung, die dem Überblick über den Handlungsverlauf dient. In ***1b*** wird das Erweitern der Inhalte von ***1a*** verlangt, diesmal durch das Einfügen eines detaillierteren Schlussteils.

Kapitel 16 (S. 169–180)

Aufgabe 2.1 dient durch die detaillierte Auflistung der Weihnachtserinnerung der Lesegenauigkeit und der Veranschaulichung, ***2.2*** konzentriert sich mit der handlungs- und produktionsorientierten Aufgabe auf ein wesentliches Bild der aktuellen Erinnerung. Der Roman entwirft das Idealbild von Weihnachten, dem in unserer Gesellschaft Gegenbeispiele gegenüberstehen. Daher fokussiert ***Wahlaufgabe 3*** im Transfer auf die Lebensrealität die kritische Sicht auf das Fest, mit der sich auseinanderzusetzen ist.

Kapitel 17 (S. 181–192)

Die veränderte Sicht Jonas' auf das Krieg-Spielen ist Thema der ***Aufgabe 2.1*** und soll die Aufmerksamkeit auf eine mögliche Reaktion lenken, die auch in unserer Gesellschaft Not täte. Jonas wird hier zum Vorbild für eine Haltung, die der Verbreitung der Kriegsspiele Einhalt gebieten könnte. Auch ***2.2*** hat diese Problematik im Blick, wenn sie den Begriff wählen lässt, der am besten zu der Situation passt, in der sich derjenige befindet, der die Erkenntnis und den Mut hat, sich gegen die herrschende Praxis zu stellen.
In diesem Zusammenhang steht auch die ***Wahlaufgabe 3***, die einen Transfer der Thematik in unsere Lebenswirklichkeit im Vergleich mit dem Roman fordert.

Kapitel 18 (S. 193–201)

Aufgabe 2.1 befasst sich mit den unterschiedlichen Situationen, in denen sich der Hüter und Jonas bei Planung und Ausführung der gemeinsamen Entscheidung befinden. Die Zusammenfassung der Antwort soll verdeutlichen, dass beide Situationen Voraussetzungen für dasselbe Ziel sind. Die Informationen, die Rosemary Jonas über ihre Ausbildungszeit und ihre Reaktion darauf geben könnte, komplettieren die Vorstellungen und stellen die unterschiedlichen Reaktionen als Möglichkeiten des Menschen in Belastungssituationen einander gegenüber ***(2.2)***.
Wahlaufgabe 3 weist darauf hin, wie genau Schriftsteller ihre Texte erarbeiten bis zur durchdachten Namensgebung, die symbolischen Wert hat, aber damit zusammenhängend auch darauf, wie genau man einen Text lesen und durchdenken sollte.

Kapitel 19 (S. 202–210)

Die äußerst kunstvoll gestaltete Szene, als Jonas mit der Freigabe des Zwillings durch seinen Vater konfrontiert wird und erkennt, was wirklich geschieht, zeigt die weise Lenkung zur Wahrheit durch den Hüter, die in krassem Gegensatz zur Manipulation des Komitees steht ***(Aufgabe 2.1)*** und verstärkt so die Wirkung beider Verhaltensweisen. ***Aufgabe 2.2*** widmet sich durch einen anderen Zugang dieser Thematik: Sie verbindet die Verbalisierung individueller Eindrücke mit der Einhaltung einer strengen Form, setzt auf Emotionalität und Spiel mit der Sprache.

Den Abschluss der Beschäftigung mit der Zwillings-Abschiedszeremonie bildet eine ***Stellungnahme zum Verhalten des Vaters*** in Bezug auf seine auf den ersten Blick nicht zusammenpassenden Verhaltensweisen und Handlungen. In der Beantwortung der Frage zeigen die Schülerinnen und Schüler, wie gut sie den Text verstanden haben.

V. FLUCHT UND HEIMKEHR (SH S. 30)

SH 30–37

Die Beantwortung von Fragen zum Inhalt schließt sich an die Vervollständigung von Teilsätzen an und stellt die Lerngruppe vor eine andere Schwierigkeit, da sie völlig auf eigene Formulierungen angewiesen sind, sich aber nicht nach den in Teilsätzen grammatikalischen Vorgaben richten müssen ***(Aufgabe 1a)***. Wie bei vorherigen 1a-Aufgaben ist das Ergebnis jeweils eine knappe Inhaltszusammenfassung, die dem Überblick über den Handlungsverlauf dient. In ***1b*** wird jeweils eine vollständige Inhaltszusammenfassung verlangt.

Kapitel 20 (S. 211–225)

Eine Übersicht über den geplanten Verlauf der Flucht ***(Aufgabe 2.1)*** zeigt, wie sorgfältig und klug der Hüter und Jonas an ihr Vorhaben herangehen, und unterstützt das Gedächtnis. ***Aufgabe 2.2*** arbeitet mit einer anderen Perspektive, wenn sie mithilfe von Textinformationen mögliche unterschiedliche Reaktionen der Zurückbleibenden formulieren und damit Leerstellen im Roman ausfüllen lässt. Durch die ***Wahlaufgabe 3*** wird die Möglichkeit geboten, ein Ergebnis aus einer vorherigen Aufgabenstellung noch einmal zu überarbeiten. Ergebnisse zu überarbeiten, wenn neue Informationen hinzugekommen sind, gehört zu den Methoden, die zeigen, dass Lesefortschritt auch Veränderung von Eindrücken, Handlungs- und Figurenbewertungen und Meinungen bedeuten kann. Zur Stärkung der Lesekompetenz sind solche Einsichten in das eigene Leseverhalten notwendig.

Kapitel 21 (S. 226–236)

Um auf eindrucksvolle Schilderung der Veränderung der Landschaft aufmerksam zu machen, verlangt ***Aufgabe 2.1*** eine Paraphrasierung. Das ist Arbeit an der Sprache, wenn Wortsynonyme gefunden werden sollen, um den Textinhalt zu bewahren. ***Aufgabe 2.2*** erweitert die Beschäftigung mit der Landschaft in den Bildbereich und koppelt diese Aufgabe mit sinnvollem Recherchieren. Wird diese Aufgabe in der Schule erledigt, steht sie zudem noch für eine Abwechslung im Unterrichtsgeschehen.
Das Thema Flucht aus einer Gemeinschaft, in der nur ein Leben in Entbehrungen und/oder Gefahr möglich ist, bietet sich zum Transfer in die Realität geradezu an. Zur Bewältigung der ***Wahlaufgabe 3*** müssen die täglich über die Medien vermittelten Informationen über Elend und Flucht herangezogen werden. Das kann auch bedeuten, dass die Jugendlichen angeregt werden, unsere Welt und ihre Probleme genauer wahrzunehmen.

Kapitel 22 (S. 237–242)

Aufgabe 2.1 lenkt den Blick auf einen Text einer vergangenen Literaturepoche, um im Vergleich mit Romanpassagen zu zeigen, dass Sinneseindrücke zeitlos sind und in unterschiedlichen Textarten und Schreibstilen zum Ausdruck kommen können. Ein Gespräch über dieses Phänomen wäre sicher förderlich für Einsichten in Wert und Funktion von Literatur. Die eher einfache ***Aufgabe 2.2*** soll durch die Veranschaulichung durch die Abbildungen von Tieren, die in den Fluchtgebieten auftauchen könnten, einen Beitrag zur Vorstellungsbildung leisten.
Hunger ist in seiner auf den körperlichen Mangelzustand bezogenen Bedeutung ein zentraler Begriff für die Situation während der Flucht. Jonas bringt, als er über die Entscheidung zur Flucht für einen Augenblick in Zweifel gerät, den seelischen Hunger ins Spiel, der als zentraler Begriff der Gemeinschaft zuzurechnen ist. Durch die Beschäftigung mit diesen unterschiedlichen Zuschreibungen ***(Wahlaufgabe 3***) stehen sich – nur durch die beiden Worte – die nicht zu vereinbarenden Gegensätze des sicheren, aber monotonen Existierens und des gefahrvollen, aber lebendigen Daseins gegenüber. Auf diesen Kunstgriff der Autorin sollte aufmerksam gemacht werden.

Kapitel 23 (S. 243–250)

Die Entscheidung für einen Linienverlauf ***(Aufgabe 2.1)*** und die entsprechende Begründung dienen dazu, in genauer, knapper Form die Strapazen des Aufstiegs zu verdeutlichen. Die momenthafte Unterbrechung der belasteten Situation durch Jonas' Glücksgefühl und die Gedanken an vergangene Zeiten begleiten ihn auf den Gipfel des Hügels. Ob es sich um eine aus der Entkräftung entstandene Halluzination handelt oder um die noch vorhandene Bindung an sein früheres Leben, bleibt der Interpretation überlassen. Das Ergebnis der ***Aufgabe 2.2*** soll im Rückblick noch einmal zusammenfassen, was Jonas hinter sich gelassen hat, und die Ankunft im Leben in ihr besonderes Licht rücken. Die Einheit der Inhaltssicherung und ersten Deutungen endet in ***Wahlaufgabe 3*** mit dem letzten Satz des Romans. Die Antwort auf die hier gestellte Frage zeigt, inwieweit der Gesamtzusammenhang verstanden worden ist.

SH 38–43

2. DIE GEMEINSCHAFT

SCHUTZ UND KONTROLLE (SH S. 38)

Aufgabe 1a macht mit der Auflistung und Formulierung der wichtigsten Regeln des Komitees die Kontrolle deutlich, die auf die Mitglieder der Gemeinschaft ausgeübt wird. In ***1b*** erfolgt der Abgleich mit Vorschriften, die auch in unserer Gesellschaft üblich sind. Somit ist der Transfer geleistet.

Da die Gemeinschaft nicht nur durch Regeln, sondern ebenso durch Rituale konstituiert ist, beschäftigt sich die ***Aufgabe 2*** mit den im Roman beschriebenen Ritualen. ***2a*** nimmt die allabendliche Gefühlsaussprache in den Blick, wenn sie dazu auffordert, die Gefühle der Familienmitglieder zu nennen. Hat man zunächst den Eindruck, dass es sich um eine für die Kommunikation und die Beziehung der Familienmitglieder hilfreiche Aussprache handelt, so wird durch ***Aufgabe 2b*** klar, dass auch dieses Ritual Teil der Kontrolle durch das Komitee ist. Aufgabe 2 ist in Zusammenhang mit ***Aufgabe 7*** im Abschnitt Textmerkmale (SH S. 54) zu sehen.

Eng mit der ***Aufgabe 2*** hängen ***3a*** und ***3b*** zusammen, die die morgendlichen Traumgespräche in den Familien und die durch die Abhörgeräte ermöglichten Handlungen des Komitees zum Thema haben. ***3a*** verlangt die Beschreibung der Reaktion der Eltern auf den Erregungs-Traum von Jonas, der eine wichtige Entwicklungsstufe des Jungen ankündigt. Diese Reaktion zeigt den Erfolg der Überwachung, denn Eltern sowie Jonas reflektieren nicht über die Verabreichung der Pille gegen die Erregung. ***3b*** stellt einen Text mit Informationen über die Pubertät zur Verfügung und fragt im Zusammenhang damit nach den Gründen des Komitees für den Einsatz der Pille. So weist diese Aufgabenstellung zurück auf den kritiklosen Gehorsam, der in ***3a*** zum Ausdruck kommt.

Das zentrale Ritual, die Dezember-Zeremonien, ist Gegenstand der ***Aufgabe 4***. Die Ankreuzaufgabe, mit der eine Wahl der passendsten Charakterisierung dieser Dezember-Zeremonien getroffen werden soll, sichert mit der verlangten Begründung, dass die Machenschaften des Komitees etwas genauer überdacht werden und die Möglichkeit zu einer individuellen Schwerpunktsetzung gegeben ist.

Aufgabe 5 lässt die Strafmaßnahmen des Komitees mit der Praxis in unserer Gesellschaft vergleichen, was die Härte der Unterdrückung durch die ‚Freigabe' unterstreicht.

Die den ersten Teil der Beschäftigung mit der Gemeinschaft abschließende ***Aufgabe 6*** entlarvt durch die Gegenüberstellung der beiden Interpretationen von ‚Schutz' diesen ‚Schutz' als weiteres Mittel der Unterdrückung und Sicherung der Gleichheit.

SH 40–42

SICHERHEIT UND FREMDBESTIMMUNG (SH S. 40)

Die Aufgaben, die auf die Mitglieder der Gemeinschaft zielen, sollen die andere Perspektive dieses Systems zeigen, die Perspektive der Unterdrückten.

Um diese Gegenüberstellung zu verdeutlichen, fordert ***Aufgabe 1a/b*** nach der erneuten Lektüre einer angegebenen Textstelle die Vervollständigung der Tabelle mit den Vor- und Nachteilen für die Mitglieder der Gemeinschaft.

Wahlaufgabe 1c greift mit der geringen Gefühlsfähigkeit ein wichtiges Merkmal der Menschen in der Gemeinschaft auf und lässt dazu eine Textstelle erläutern, die Jonas' Erkenntnis über die Unterschiede der Gefühle belegt. Diese Aufgabe spricht nicht nur die emotionale Intelligenz der Lerngruppe an, sondern stellt auch vor die Schwierigkeit, die richtigen Formulierungen für die Beschreibung der Unterschiede zu finden. In den Zusatzmaterialien ist ein Arbeitsblatt zur Vertiefung dieser Thematik zu finden (S. 37/38 in diesem Heft).

Aufgabe 1d geht noch weiter ins Detail, indem sie zwei Situationen vorgibt, in denen die Figuren Empathie zu zeigen scheinen. Bei näherer Prüfung der Verhaltensweisen, zu der ein Vergleich auffordert, wird jedoch deutlich, dass nur eine Figur echte Empathie-Fähigkeit beweist, ein weiterer Beleg für die Schattenexistenz der Mitglieder der Gemeinschaft.

Nicht zufällig nach diesen Aufgaben werden die Schülerinnen und Schüler vor eine Entscheidung gestellt, welche Lebensform sie wählen würden. Neben allen Vorteilen der Sicherheit und Bequemlichkeit, die sicher bei der Wahl eine Rolle spielen, wird in der ***Aufgabe 2*** die Aufmerksamkeit auf ein existentiell wichtiges Merkmal für ein gelingendes Leben gelenkt, damit es in die Überlegungen einbezogen wird.

Aufgabe 3 beschließt als Wahlaufgabe den Teil, der sich mit der Gemeinschaft beschäftigt. Der Auszug aus der Allgemeinen Erklärung der Menschenrechte leistet den Transfer in die Lebensrealität und soll durch seine Informationen eine Überarbeitung des Ergebnisses der Aufgabe 2 möglich machen. Hier wird erneut von der Praxis Gebrauch gemacht, Ergebnisse zu überarbeiten, wenn neue Informationen hinzugekommen sind.

SH 43–51

3. DIE HÜTER (SH S. 43)

Die Einheit über die Hüter ist sozusagen das ‚Herzstück' der Erarbeitung, denn alle zentralen Themen des Romans kommen zum Tragen: Erinnerungen und Erinnerungslosigkeit mit ihren positiven und negativen Folgen, echte Beziehungen und Beziehungsschablonen, Sicherheit und Gefahr, Unterdrückung und Freiheit, Gehorsam und Kritik, Stagnation und Veränderung.

ERINNERUNGEN UND WEISHEIT (SH S. 43)

SH 43–45

Die Aufgabenreihe zu den Protagonisten des Romans beginnt mit der Aufforderung in einer knappen Formulierung eine treffende Aussage zu dem Begriff 'Erinnerung' zu machen ***(Aufgabe 1a)***. Die in den Kreisen vorgegebenen Sätze dienen als Hilfestellung. Mit dieser Aufgabe soll eine Annäherung an die mit dem Begriff verbundenen Vorstellungen geleistet werden.

Aufgabe 1b trägt der Tatsache Rechnung, dass Erinnerungen zu den ganz persönlichen Sachen eines Menschen gehören, und bietet daher die Möglichkeit, sich mit seinen Gedanken zurückzuziehen. Wenn Schülerinnen und Schüler sich entscheiden, diese Aufgabe, in welcher Form auch immer, anzunehmen, sind sie gut auf die Erarbeitung dieser Einheit vorbereitet.

Aufgabe 2 thematisiert die Aufgaben des Hüters, die geklärt sein sollten, bevor die Figur Jonas in den Blick kommt. Mithilfe der Seitenangaben sollen die Aufgaben des Hüters formuliert werden und in ihrer doppelten Funktion erkannt sein ***(2a)***. Die damit zusammenhängenden unterschiedlichen Belastungen für den Hüter sollen in ***Aufgabe 2b*** anhand von Beispielen aufgeführt werden. Sie dienen der Veranschaulichung der Situationen.

Dass nicht nur das tägliche Leben, sondern auch die Tätigkeit als Ausbilder eines Nachfolgers von den Belastungen betroffen ist, soll ***Aufgabe 3*** klären und so die Situation des Hüters noch deutlicher zum Ausdruck bringen. Die Schwierigkeit in der Bearbeitung besteht hier darin, dass aus Textstellen die entsprechenden Schlussfolgerungen gezogen und formuliert werden müssen.

Einen ersten Hinweis auf die Veränderung im Denken durch die Erinnerung gibt ***Aufgabe 4a***. Die Möglichkeit kritischen Denkens durch das Wissen und Fühlen, das die Erinnerungen vermitteln, ist in der Aufgabenstellung vorgegeben und soll durch Textstellen belegt werden. Voraussetzung für die Erledigung dieser Aufgabe ist eine gute Textkenntnis und ein Überblick über den Handlungsverlauf und/oder das Beherrschen des aufmerksamen überfliegenden Lesens. ***Aufgabe 4b*** verlangt das Verständnis, dass der Hüter nur durch Kombination seines Wissens mit seiner Empathie-Fähigkeit zu dieser Aussage kommen kann. Sie ist daher als schwierig anzusehen. Die Haltung des Hüters weist voraus auf seine Entscheidung, bei der Gemeinschaft zu bleiben, um ihr beizustehen.

Wahlaufgabe 5 soll zu Überlegungen anregen, was unter ‚Weisheit', die dem Hüter zugesprochen wird, zu verstehen ist. Für diesen Begriff werden in Definitionen unterschiedliche Schwerpunkte gesetzt, mit denen sich die Lerngruppe auseinandersetzen sollte, um ihr eigenes Verständnis abzuklären. Dazu gibt diese Aufgabe die Möglichkeit.

ERINNERUNGEN UND EINSICHTEN (SH S. 45)

SH 45–48

Da Jonas sich als Identifikationsfigur für die jugendlichen Leser anbietet, gibt ***Aufgabe 1*** den Hinweis auf eine Spielesammlung, die sich mit Sinnes-Wahrnehmungen beschäftigt. Durch entsprechende Übungen wird der Zugang zur Figur des Jonas und die Möglichkeit, sein Erleben während der Erinnerungs-Übertragungen nachzuvollziehen, erleichtert. Ob sich die Lerngruppe auf diese Übungen einlassen will, muss vor Ort entschieden werden und hat sich auch nach Kriterien wie Bereitschaft und Zeitökonomie zu richten.

Jonas bietet sich zur Charakterisierung (***Aufgabe 2***) vor allem aus zwei Gründen an: Erstens ist er neben dem Geber der zweite Protagonist im Roman und zweitens enthält der Text viele Informationen, die ihn charakterisieren. Nach der Vorgabe von Eigenschaften, die in der Rede der Chefältesten genannt werden, sollen die indirekten Charakterisierungen in den Textstellen ermittelt werden.

Aufgabe 3 wird differenziert angeboten. ***3a*** verlangt einen Text über Jonas, durch den mithilfe aller Informationen aus der Aufgabe 2 die Figur beschrieben werden soll. Diese Aufgabe stellt weniger Anforderungen an die Schülerinnen und Schüler als ***Aufgabe 3b***, die mit dem Begriff ‚Charakteristik' eine Aufsatzform vorgibt, die mit direkten und indirekten Charakterisierungen arbeitet und die Kenntnis des richtigen Zitierens voraussetzt. Beide Angebote sind Trainingsmöglichkeiten für die jeweilige Schwierigkeitsstufe.

Nach der Charakterisierung der Figur Jonas befasst sich ***Aufgabe 4a*** mit seiner Entwicklung während der Ausbildung und lenkt damit die Aufmerksamkeit auch auf den Handlungsverlauf. Zu den Angaben der verschiedenen Erinnerungen sollen die gemachten Erfahrungen und Jonas' Reaktionen darauf hinzugefügt werden. So entsteht ein Überblick über die Reihenfolge der Erinnerungen, über die Abfolge von erfreuenden und belastenden Erfahrungen, die Jonas' Entwicklung begleiten. ***4b*** ermöglicht mit dem Auftrag, einen inneren Monolog zu verfassen, eine Übungssituation zum Gestaltenden Schreiben. Dieser Arbeitsauftrag komplettiert die Beschäftigung mit Jonas' Gefühlen durch die Handlungs- und Produktionsorientierung.

Aufgabe 5 beschäftigt sich mit den Fragen, die während der und durch die Erinnerungen von Jonas gestellt werden. Durch die Einbettung dieser Fragen in ein Gespräch kommt auch die Beziehung zwischen Hüter und Jonas in den Blick. Durch die Antworten des Hüters, die zu formulieren sind, werden wichtige Fakten wiederholt.

Die abschließende ***Aufgabe 6*** befasst sich mit dem Erlebnis, das ausschlaggebend für den weiteren Handlungsverlauf, die Planung und Durchführung der Flucht, ist: der ‚Freigabe' des Zwillings durch den Vater von Jonas. ***6a*** zielt auf die Vielschichtigkeit der Eindrücke dieses Erlebnisses auf Jonas. ***6b*** lenkt die

Aufmerksamkeit auf die nacheinander erfolgenden Reaktionen des Jungen. Durch die Anweisung, für jede Reaktion einen Satz zu formulieren, ist sichergestellt, dass sich die Lerngruppe mit jeder einzelnen Reaktion auseinandersetzt.

6c greift die Möglichkeit sprachlicher Gestaltungsmittel auf, eine Situation in einem Bild zu veranschaulichen und so mit der eigenen Vorstellung abzugleichen.

SH 49–51

GEMEINSAMKEIT UND VERÄNDERUNG (SH S. 49)

Der Beziehung zwischen dem Hüter und Jonas widmet sich dieser Teil der Einheit gesondert, da sie der Ausgangspunkt für die Veränderung ist. ***Aufgabe 1a*** lässt zunächst die Entwicklung dieser Beziehung nachvollziehen, die in ***1b*** mithilfe eines Lückentextes begründet wird. ***Aufgabe 2*** stellt die Aufgaben von Hüter und Nachfolger in den Mittelpunkt. ***2a*** sichert die Einsicht in die Unterschiedlichkeit der Aufgaben und ***2b*** fordert die Erklärung dafür, warum diese Unterschiedlichkeit für den weiteren Handlungsverlauf notwendig ist.

Auf der Grundlage der Ergebnisse von 2a/b beschäftigt sich ***2c*** mit der Frage, warum nur gemeinsam ein Ausweg zu finden ist. Das zu erwartende Ergebnis weist auf eine wichtige Textaussage hin: die für das Leben unverzichtbare echte Kommunikation. Ähnlich wie beim Verfassen eines Haikus werden auch in der Aufgabe, ein ***Rondell*** zu schreiben, Informationen, Vorstellungen und individuelle Eindrücke mit der Einhaltung einer strengen Form verbunden.

SH 52–57

4. TEXTMERKMALE (SH S. 52)

Die Beschäftigung mit den Textmerkmalen soll die Aufmerksamkeit auf die unterschiedlichen Möglichkeiten lenken, die ein Autor für seine Texte nutzen kann.

DIE SCHRIFT (SH S. 52)

Aufgabe 1 greift die ins Auge fallenden Schriftunterschiede auf, denen eine inhaltliche Bedeutung beizumessen ist. Die Funktion der Textstellen in Großbuchstaben wird in den Aufgaben ***1a und b*** geklärt.
Aufgabe 2 beschäftigt sich mit dem Zusammenhang zwischen Kursivdruck und Handlungsverlauf, wobei der Zusammenhang vorgegeben ist, die Aufgabe darin besteht, zwei passende Beispiele herauszuschreiben ***(2a)*** und eines davon im Kontext des Handlungsverlaufes zu erläutern ***(Wahlaufgabe 2b)***.

DIE MEHRDEUTIGKEIT DER WÖRTER (SH S. 53)

Eine besondere Rolle für die Textaussage spielt die Mehrdeutigkeit der Wörter, da sie zu einem großen Teil den Gegensatz der beiden Welten und die jeweiligen Lebensmöglichkeiten widerspiegeln. Daran knüpft ***Aufgabe 3*** an, die eine Erläuterung zu den beiden Bedeutungen des Begriffs ‚Gefühl' verlangt. Auch ***Aufgabe 4*** befasst sich mit der Mehrdeutigkeit, mit den Erläuterungen zu dem Begriff *Anderswo* ***(4a)***, die in ***4b*** durch zwei Textstellen belegt werden sollen.

DIE RÜCKBLICKE (SH S. 54)

Bedingt durch die zentrale Rolle der Erinnerungen arbeitet der Text mit Rückblicken. Da zwei Arten von Erinnerungen im Roman zur Sprache kommen, gibt es auch zwei Arten von Rückblicken, mit denen sich die ***Aufgabe 5*** beschäftigt. ***5a*** bezieht sich auf Erinnerungen, die auf das Leben in der Gemeinschaft zurückgreifen, ***5b*** zielt auf die Erinnerungen „der ganzen Welt", die Jonas übertragen werden.
Durch das Nebeneinanderstellen dieser Erinnerungen in den beiden Aufgaben wird der Unterschied deutlich.

DIE GESPRÄCHE (SH S. 54)

Den beiden Welten entsprechend, hinterlassen auch die von den Figuren geführten Gespräche unterschiedliche Eindrücke, mit denen sich die ***Aufgaben 6 und 7*** befassen.
Die Aufgaben ***6a–c*** stellen die Intensität und Authentizität der Dialoge zwischen Jonas und dem Hüter heraus, Aufgabe ***7a/b*** macht die Formelhaftigkeit und damit eine nur oberflächliche Kommunikation deutlich, die für die Mitglieder der Gemeinschaft charakteristisch ist.

DAS SYMBOL (SH S. 55)

Das prägende Symbol des Romans sind die hellen Augen der Figuren, die „über die Dinge hinaus sehen können". ***Aufgabe 8*** leitet dazu an, sich durch das schrittweise Verfassen eines Textes die Tragweite dieses Symbols vor Augen zu führen. ***8a*** bezieht das einprägsame Buchcover mit ein und lässt die Schülerinnen und Schüler ihre individuellen Wahrnehmungen verbalisieren. ***8b*** lässt mithilfe einer zentralen Textstelle die Bedeutung dieses Symbols näher erläutern und ***8c*** rundet die Textproduktion durch die Verbindung zu den Figuren mit den hellen Augen ab.
Diese schrittweise Vorgehensweise zielt auf Genauigkeit im Verstehen des Symbols.

DER ERZÄHLER (SH S. 56)

Die Erarbeitung der Erzählperspektive beschränkt sich auf die Zuordnung zum personalen Erzähler, um bei schwächeren Lerngruppen keine Verwirrung zu stiften. Hinweise zur Erzähltechnik befinden sich auf S. 5 in diesem Heft, ein Arbeitsblatt dazu auf S. 21.
Nach einer vorangestellten Information sollen Textstellen belegen, was über den Erzähler ausgesagt ist ***(Aufgabe 9)***.
Aufgabe 10 schließt ab mit der Nennung des entsprechenden Erzählertyps, die mithilfe der Informationen in den Textfeldern unschwer zu leisten ist.

DIE SCIENCE-FICTION-LITERATUR (SH S. 57)

Die letzte Aufgabe zu der Einheit Textmerkmale befasst sich mit dem Genre, dem der Roman zugeordnet wird, der Science-Fiction-Literatur. Er wird häufig als Dystopie, dem Gegenbild zur positiven Utopie, bezeichnet. Die Merkmale, die angegeben sind, wurden so zusammengestellt, dass sie auf diesen Roman zutreffen. So kann die Lerngruppe unschwer Beispiele für die einzelnen Aussagen über den Text finden ***(Aufgabe 11)*** und dadurch ein klareres Bild von diesem Genre erhalten.

5. INTERPRETATION (SH S. 58–61)

SH 58–61

EINE INTERPRETATION ENTWICKELN (SH S. 58)

Von Interpretation im strengen Sinne kann hier nicht die Rede sein. Ansätze eines interpretierenden Umgangs zeigen sich in vielen Rezensionen. Daher bietet es sich an, die Schülerinnen und Schüler mit Informationen aus diesen Texten arbeiten zu lassen.
Die ***Aufgabe 1b***, jeweils einen Grund zu finden, der die Aussage unterstützt, erfordert eine gedankliche Auseinandersetzung mit dem Roman. Die Aufstellung einer individuellen Reihenfolge der Deutungsvorschläge ***(1c)*** dient der Vertiefung. Die abschließende Arbeitsanweisung, selbst eine Interpretation zu formulieren ***(1d)*** gibt die Möglichkeit einer Auswahl und – als freiwillige Differenzierung gedacht – die Chance zu einer eigenen, über die vorliegenden Vorschläge hinausgehenden und/oder ihnen widersprechenden Auslegung.
Aufgabe 2 greift den Begriff ‚Hüter' auf und fragt nach dem passendsten Ersatz für diesen Ausdruck. Durch die Aufforderung zur Begründung der Entscheidung ist eine Beschäftigung mit den Aufgaben eines Hüters und dem Umgang mit diesen Aufgaben notwendig. In den Ergebnissen wird die jeweilige Schwerpunktsetzung deutlich, was zu einer interessanten Diskussion Anlass sein könnte.

ROMAN UND LEBENSREALITÄT (SH S. 60)

Aufgabe 3 zielt auf die eigene Lebensrealität. Aus den zentralen Themen des Romans können sich die Schülerinnen und Schüler den Aspekt auswählen, der ihnen am wichtigsten erscheint und an ihren Meinungen und Erfahrungen messen. Sinn der Arbeit mit dieser Methode ist vor allem, erfahrbar zu machen, dass Literatur mit dem eigenen Leben zu tun haben kann.

DAS MOTTO (SH S. 61)

Aufgabe 4 bezieht das dem Roman vorangestellte Motto mit ein. ***4a*** soll klären, was es heißt, Kindern die Zukunft anzuvertrauen. Überlegungen zu dieser Fragestellung könnten die jungen Leser auf eine zukünftige Rolle hinweisen, die ihre Beziehung zu den Erwachsenen in ein neues Licht rückt. Aufgabe ***4b*** nimmt mit ihrer Frage Bezug auf eine Thematik, die in diesem Zusammenhang eine große Rolle spielt. Das Ergebnis ist gleichzeitig die Bestätigung oder Nicht-Bestätigung der Brauchbarkeit des Mottos für diesen Roman.

6. KRITIK (SH S. 62)

Anschließend an die Beschäftigung mit Interpretationsansätzen erscheint es folgerichtig, die eigene Meinung der Schülerinnen und Schüler über den Roman „Hüter der Erinnerung" erneut zu berücksichtigen. Dies geschieht in drei Schritten: ***Teil a der Aufgabe*** hat vorbereitenden Charakter, indem er mit der Reaktion zweier Jugendlicher auf den Roman bekannt macht. Diese Reaktion soll in ***Teil b*** kommentiert werden, in jeweils einem Kommentar für die Jugendlichen, wozu ein Bewusstmachen der eigenen Meinung notwendig wird. Diese Aufgabenstellung dient der Zusammenstellung einzelner Punkte, die zu einer eigenen Meinungsdarstellung führen.
Teil c verlangt dann aufbauend auf dem Ergebnis der vorhergehenden Aufgabe die Produktion eines zusammenhängenden eigenen Kommentars.

HINWEISE ZU DEN ERGÄNZENDEN UNTERRICHTSMATERIALIEN

Dieser Heftteil enthält das Schülerheft ergänzende Themen und dazugehörende Materialien als Kopiervorlagen.
Diese werden zunächst auf den folgenden Seiten vorgestellt.
Die Materialien sind mit M und ihrer Seitenangabe gekennzeichnet, z. B. ***M 29***.
Die Materialien folgen in Form von Kopiervorlagen auf den Seiten 23–57.

1. INHALT WIEDERHOLUNG S. 23–30

a. Lückentexte zu den Kapiteleinheiten (mit und ohne Wörterkasten) M 23 S. 23–29

Lückentexte gehören zu den etablierten Arbeitstechniken, um Inhalte zu wiederholen, zu festigen und abzuprüfen. Um eine detailliertere Inhaltszusammenfassung zu erhalten, wird zu jeder Kapiteleinheit ein Lückentext angeboten. Es ist sicher für die Schülerinnen und Schüler hilfreich, wenn die Texte jeweils vor der nächsten Lektüreeinheit eingesetzt werden. So erwerben sie einen besseren Überblick über den Handlungsverlauf und haben Unterlagen, auf die sie zurückgreifen können. Für schwächere Lerngruppen ist der Bezug zu den ***1a-Aufgaben des Schülerheftes*** und ihren Lösungen als Erleichterung gedacht. Die Wörterkästen können individuell eingesetzt werden.

b. Lückentext zum gesamten Roman M 30 S. 30

Für leistungsstärkere Lerngruppen bietet sich – als Test nach der Lektüre oder zur Wiederholung – ein Lückentext zum gesamten Roman an.

2. THEMENBEREICHE DES ROMANS (STRUKTUR-LEGE-TECHNIK) *M 32* S. 32

a. Struktur-Lege-Technik

Auch diese Methode setzt auf Sichtbarmachen/Testen des eigenen Wissens.

- Kärtchen mit Begriffen, die Themenbereiche des Romans betreffen und von der Lehrperson vorbereitet worden sind, werden als Grundbestandteil eines semantischen Netzwerkes auf die Tische gelegt (Partner- oder Gruppenarbeit).
- Die Arbeit beginnt mit einer Sortieraufgabe: Die Kärtchen werden geordnet nach Erklärungen/Beschreibungen, die sofort gegeben werden können; und solchen, für die man sich die Informationen aus seinen Unterlagen heraussuchen muss.
- Anschließend werden die Kärtchen in eine Struktur gebracht, die die Themen des Romans transparent macht.

Dabei kann jedes Paar/jede Gruppe eine eigene Hierarchie in der Anordnung erarbeiten, d. h. eine Reihenfolge und Zusammenstellung der Begriffe, die der jeweiligen Bedeutungszumessung Rechnung trägt. Zur Verdeutlichung können Erklärungen hinzugeschrieben und Pfeile angebracht werden.

Die Kärtchen werden in der erarbeiteten Struktur auf ein Plakat geklebt, was dann im Plenum erläutert wird.

Eine abschließende Diskussion bietet sich an, vor allem wenn aus den unterschiedlichen Strukturen eine Vielfalt von Ansichten zu erkennen ist.

Vorlagen für die Kärtchen befinden sich auf der Seite 32. Diese Vorschläge für die Begriffskärtchen sind eine Grundlage für die individuelle Auswahl durch die Lehrperson. Es empfiehlt sich, nicht mehr als 15 Kärtchen zu nutzen, da sich sonst eine für die Lerngruppe zu komplizierte Struktur ergeben könnte.

b. Jeopardy

Mit dieser Methode wird die Verantwortung für die Bearbeitungsschwerpunkte in die Hände der Schüler gegeben. In Gruppenarbeit formulieren sie selbst Fragen und Antworten zum Text, schreiben sie auf verschiedenfarbige Kärtchen und tauschen sie mit einer anderen Gruppe aus.
Es geht dann darum, den Antworten bzw. Aussagen die richtigen Fragen zuzuordnen.
Eine andere Spielform mit den hergestellten Kärtchen ist das Memory.

c. Zielfindungsmethode

Die Nutzung dieser Methode stellt hohe Anforderungen an die Lerngruppe.
Die Aufgabe wird in Gruppenarbeit angeboten.

- Zunächst sollen die Schüler in Einzelarbeit acht persönliche Aussagen zum Text einzeln auf acht Zettel schreiben und sich anschließend die drei wichtigsten heraussuchen.
- Die restlichen fünf Aussagen werden an den Nachbarn weitergegeben (Uhrzeigersinn).
- Jeder Schüler hat dann wieder acht Aussagen.
- Er sucht wieder drei aus und gibt fünf weiter.
- Die Gruppe muss einmal komplett durch sein.
- Zum Schluss hat jeder Schüler drei Aussagen.
- Nach einer Gruppendiskussion werden drei Aussagen gewählt, die im Plenum vorgestellt und begründet werden.

An die Präsentation kann sich ein Gespräch im Plenum anschließen.

3. DAS HÖRBUCH M 33 S. 33

Das Hörbuch zum Roman „Hüter der Erinnerung" ist sehr gut zur Unterstützung des Leseverstehens geeignet. Es ist als CD und als Download erhältlich. Das Arbeitsblatt zum Hörbuch folgt in der Auswahl der Beurteilungskriterien dem Katalog der sprecherischen und sprachlichen Ausdrucksmittel der Sprecherziehung.

4. DIE AUTORIN LOIS LOWRY: LEBEN UND WERK M 34 S. 34–35

Aus Gründen der Zeitökonomie ist die Erarbeitung der Informationen über die Autorin und ihr Werk in die Lehrerhandreichung und nicht in das Schülerarbeitsheft aufgenommen worden. Es empfiehlt sich jedoch, die Aufgaben, zumindest zum Teil, in die Lerngruppe zu geben, da die Autorin eine ansprechende Internetseite hat, mit der gearbeitet werden kann, und Informationen zum Giver-Quartett gegeben werden, die eine gute Abrundung für die Arbeit mit dem Roman „Hüter der Erinnerung" sein können.

5. PROBLEMFRAGEN (TRADE-A-PROBLEM) M 36 S. 36

Ziel dieser Methode ist die gemeinsame Problemlösung unter Beteiligung möglichst vieler Schüler.
Der Ablauf gliedert sich in folgende Schritte:

1. Jede Gruppe formuliert (oder erhält) eine Problemfrage zum Themenbereich und schreibt sie auf das Arbeitsblatt. Eine Problemfrage kann auch zwei Gruppen zugewiesen werden.
2. Dieses Arbeitsblatt wird im Uhrzeigersinn zur nächsten Gruppe weitergegeben, die Lösungsversuche darauf schreibt.
3. Es wird gewechselt, bis das Arbeitsblatt wieder in seiner Ursprungsgruppe ist.
4. Die Gruppe diskutiert die notierten Lösungsversuche und erarbeitet eine Gesamtlösung.
5. Die endgültigen Lösungen werden im Plenum diskutiert.

Eine mögliche abschließende Diskussion über die Gesamtproblematik wäre auf diese Weise detailliert vorbereitet. Vorschläge für Problemfragen, die zur vorliegenden Thematik in die Arbeitsblätter eingesetzt werden könnten:

1. Ist es vernünftig, schon mit zwölf Jahren einen Beruf zu wählen?
2. Handelt Jonas egoistisch oder aus Verantwortungsbewusstsein, wenn er flieht?

3. Ist der alte Hüter eine positive Figur?
4. Sind Strafen Erfolg versprechende Maßnahmen in der Erziehung?
5. Ist die ‚Freigabe' ein Euthanasie-Problem?
6. Sind die Figuren im Roman Hinweise auf Verhaltensweisen von Tätern, Opfern, Mitläufern, Schweigern und Rebellen in der Realität totalitärer Systeme?
7. Weisen die Namen ‚Jonas'[1] und ‚Gabriel'[2] auf einen religiösen Hintergrund im Roman hin?

6. REZIPROKES LERNEN (ÜBER DEN UMGANG MIT GEFÜHLEN) M 37 S. 37–38

Die Technik der vier Fragetypen des Reziproken Lernens[3] wird für diesen Themenbereich eingesetzt, da zu erwarten ist, dass die Schülerinnen und Schüler Erfahrung mit ihren eigenen Gefühlen und nach Bearbeitung der Aufgaben des Schülerheftes die notwendige Textkenntnis besitzen, um die Fragen der Gruppen 3 und 4 beantworten zu können.
Die Fragetypen des Reziproken Lernens verbinden Aufgaben zur Lesefertigkeit und Lesefähigkeit miteinander zu einer differenzierten Kombination. Es handelt sich um Fragen zu Textinformationen, Textdeutung, Reflexion und Bewertung.

7. GESPRÄCHE VERGLEICHEN M 39 S. 39–40

Eine Möglichkeit, die Beziehungen/Nichtbeziehungen sowie die überwachte/nicht überwachte Kommunikation zu verdeutlichen, bietet der Vergleich entsprechender Gespräche.
Dazu sind das Ritual der morgendlichen Gefühlsaussprache in Jonas' Familie und ein Gespräch zwischen den Hüter und Jonas während einer Ausbildungsstunde gewählt worden.
Aufgabe 1a soll sicherstellen, dass der Text präsent ist, ***1b*** dient der Aufmerksamkeit auf Verhaltensweisen, die zeigen, dass die Auseinandersetzung mit dem Gefühl nicht gewollt ist, und ***1c*** nimmt den Vergleich der Gespräche mittels entsprechender Kriterien in den Blick.
Aufgabe 2a stellt einen Informationstext zu Merkmalen guter Gespräche zur Verfügung, der durchzuarbeiten ist, ***2b*** fordert den Abgleich der Informationen mit den beiden Gesprächen und ***2c*** stellt den Bezug zwischen den Gesprächen zu den Lebenssituationen der Figuren her.

8. LERNTEMPODUETT (TOTALITÄRE SYSTEME, SEKTENÄHNLICHE GEMEINSCHAFTEN) M 41 S. 41–43

Die Arbeitsblätter, die auch die Erklärung der Vorgehensweise enthalten, befinden sich auf den Seiten 41–43. Es hat sich als hilfreich erwiesen, für die Kopien der Informationstexte zwei unterschiedliche Farben zu benutzen. So können die Schüler sofort erkennen, wer als Arbeitspartner/Arbeitspartnerin in Frage kommt.
Die beiden Texte „Totalitäre Systeme" und „Sektenähnliche Gemeinschaften" zielen durch die abschließende Aufgabe auf den Abgleich mit der Gemeinschaft, die der Roman darstellt.
Zunächst sollen die Merkmale aufgelistet werden, die gemeinsam sind, anschließend soll mithilfe dieser Stichwortliste eine Kurz-Rede gehalten werden.
So leistet dieses Lerntempoduett auf der Grundlage einer Zusammenfassung der Informationen über den Lebensraum der Gemeinschaft einen Transfer in die Realität und erschließt die Gelegenheit, die mündliche Kommunikationskompetenz zu trainieren.
Eine Diskussion über aktuelle Bespiele solcher Systeme ist eine gute Möglichkeit, fächerübergreifend zu arbeiten.

1 Jonas bedeutet Taube (hebräisch) und stammt ursprünglich von dem griechischen Wort *Zeichen*. Im antiken Griechenland glaubte man, dass Vögel als Zeichen der Götter an die Menschen geschickt wurden.
2 Gabriel bedeutet *Mann Gottes*.
3 Informationen entnommen aus: Schoenbach, Ruth/Greenleaf, Cynthia/Czisko, Christine/Hurwitz, Lori: *Lesen macht schlau. Neue Lesepraxis für weiterführende Schulen.* Cornelsen SCRIPTOR 2006, S. 104 f.

9. ERZÄHLPERSPEKTIVE: LESETHEATER M 44 S. 44

Aufgaben aus der Theaterpädagogik haben sich im Bereich des handlungs- und produktionsorientierten Unterrichtes etabliert. Sie schöpfen aus dem Reservoir des Theaters, das in seinen Kreativ-Möglichkeiten, Texte zu interpretieren, den Deutschunterricht bereichert.
Das Spektrum der vermittelten Kompetenzen ist groß:

- Persönlichkeitsbildende Kompetenzen (Ich-Kompetenz: Selbstbewusstsein, Engagement, Identifikation)
- Soziale und kommunikative Kompetenz (Empathie, Kommunikation, Kooperation, Verantwortung, Teamfähigkeit)
- Sach- und Methodenkompetenz (z.B. Analysefähigkeit)
- Ästhetische Kompetenzen (z.B. Rezeptionskompetenz, Entwicklung des sprachlichen Ausdrucks)

So kann man an den beiden hier angebotenen Aufgabenstellungen unschwer erkennen, dass die Lernsituation zahlreiche und unterschiedliche Aspekte umfasst:

- Umgang mit Texten, Textverständnis (Situationen aus dem Roman)
- Sprechhaltung und sprachlicher Ausdruck (Spiel)
- Feedback–Verhalten (Beobachtung / anschließende Reflexion)
- Improvisation (Ausfüllen von Leerstellen / Umsetzen in andere Gattung)
- Konzentration (auf Textvorlage, Umsetzung im Spiel, Reaktion auf Partner)
- Bewusster Einsatz von Körpersprache, Gestik, Mimik und Proxemik
- Zusammenspiel als Paar/Gruppe

a. Hilfs-Ich

Aufgabe (Partnerarbeit):
Eine/Einer von euch übernimmt die Rolle des Jonas, der vor der Entscheidung steht, seine Ausbildung nach der Übertragung der Kriegserinnerung abzubrechen.
Sie/er versucht, sich alle Punkte vor Augen zu halten, die für einen Abbruch sprechen. Sie/er spricht ihre/seine Gedanken laut aus.
Die/Der andere übernimmt die Rolle des sogenannten Hilfs-Ich, das Jonas darin unterstützt, eine richtige Entscheidung zu treffen und widerspricht, indem es alle Punkte nennt, die gegen den Abbruch sprechen.
Immer wenn es zu Jonas spricht, legt es ihm die Hand auf die Schulter.
Das Spiel ist zu Ende, wenn Jonas eine Entscheidung getroffen hat.
Die Entscheidung muss nicht der Vorgabe des Romans entsprechen.

Eine Vorbereitungszeit sollte eingeplant werden, in der die Schüler sich in Gruppenarbeit auf das Spiel vorbereiten, ihre Argumente mithilfe des Textbuches zusammenstellen und die Spieler bestimmen.
Nach der Präsentation des Spieles (möglichst viele Gruppenergebnisse) sollte unbedingt eine Nachbesprechung erfolgen, in der vor allem die für die Entscheidung relevanten Punkte herausgearbeitet werden, seien es die Argumente, die Verhaltensweisen oder die Stärke im Spiel.
Diese Reflexion trägt dazu bei, dass sprachliche und sprecherische Mittel in den Blick gerückt werden, deren Wirkungsweise in der Realität täglich erfahrbar und durch Transparenz beeinflussbar ist.
Außerdem bietet sie die Möglichkeit, darüber zu diskutieren, wie ein anderes Verhalten von Jonas als das im Buch beschriebene sich auf die weitere Handlung auswirken könnte.

b. Statue

Eine Statue macht Abstraktionen, generelle Haltungen, Themen sichtbar. Sie zeigt als „Skulptur/Denkmal" den Grundgestus und keine bestimmte Perspektive.
Zu dem vorliegenden Roman bieten sich für die Statue unter anderem Themen an, die den Begriffskärtchen der Struktur-Lege-Technik zu entnehmen sind.
Eine gute Vorgehensweise ist es, wenn die Lerngruppe in Gruppenarbeit selbst ein Thema für ihre Statue findet, die entsprechende Statue „baut" und die übrige Klasse erraten lässt, um welche Thematik es sich handelt.
Auch hier ist eine nachbereitende Diskussion anzuraten.

c. Lesetheater

Die Methode stammt aus dem Umkreis der Lautlese-Verfahren und bettet das wiederholte Lesen in einen kreativen Kontext ein. Dabei werden literarische Texte/Buchausschnitte in einfache Lese-Scripts umgewandelt, in denen die Rede der Figuren und des Erzählers in direkter Rede wiedergegeben werden.

Zielsetzung ist, die Schüler einer Gruppe durch das wiederholte Lautlesen und den Austausch über mögliche Verbesserungen des Vortrags für eine abschließende Leseaufführung vorzubereiten.

Passende Textstellen können von der Lehrperson, den Schülern oder gemeinsam ausgesucht werden.

Die ausgewählte Textstelle, in der das Ansehen des Videos von der Freigabe des Zwillings beschrieben wird, eignet sich besonders gut für die Umwandlung in ein Lese-Script, da es auch die Besonderheit der Erzählperspektive dieses Romans im Blick hat.

10. BUCH UND FILM IM VERGLEICH *M 45* S. 45–46

Die DVD „Hüter der Erinnerung – The Giver" kann über unseren Verlag bestellt werden.
Bestell-Nr. DVDHüter

Sollte der Film eingesetzt werden, so bietet es sich an, die Unterschiede herauszuarbeiten, sowohl auf der Inhalts- und Aussageebene, als auch die Unterschiede, die von der jeweiligen Kunstform vorgegeben sind.

Die ***Aufgaben 1–3*** zielen auf die Unterschiede in der Figurenzeichnung und Figurenbeziehung und den sich daraus ergebenden Folgen für die Textaussage. Die ***Aufgaben 4–6*** befassen sich mit den unterschiedlichen Möglichkeiten, die den Film von dem Buch abgrenzen.

Die ***Schlussaufgabe 7*** schließt mit einer individuellen Bewertung die Aufgabenreihe ab, in der die Schülerinnen und Schüler zeigen können, inwieweit sie sich auf die Problematiken der Romanfassung eingelassen haben.

11. TRAINING: GESTALTENDES SCHREIBEN *M 47* / *M 48* S. 47–48

Da die Erfahrung gezeigt hat, dass die Schülerinnen und Schüler einerseits mit Formen wie innerer Monolog, Tagebuch oder Brief gut zurechtkommen, was die kreative Ausrichtung angeht, andererseits aber oft Mühe haben, ihre Texte mit ausreichenden Inhalten zu füllen, werden hier Möglichkeiten angeboten, die notwendigen auf den Informationen des jeweiligen Werkes beruhenden Inhalte für die Aufgaben des Schülerhefts bereitzustellen.

Voraussetzung für eine erfolgreiche Arbeit mit dieser Trainingsform ist ein frühzeitig erlernter Umgang mit Möglichkeiten, Informationen übersichtlich anzuordnen und zu strukturieren wie Tabelle, Diagramm, Mindmap.

Die Aufgabenstellungen umfassen eine dreiteilige Hinführung zum Verfassen einer Form des gestaltenden Schreibens, bestehend aus:

- einem Vortext, der die zu bearbeitende Situation in einen größeren Handlungszusammenhang stellt,
- eine (oder mehrere) Textstelle(n), die den Ausgangspunkt für die Schreibaufgabe angibt,
- eine Formulierung des Arbeitsauftrages mit Hinweisen auf die notwendigen Inhalte und die formalen Vorgaben.

Zu allen drei Teilen sind Fragen formuliert, deren Beantwortung auf die Inhalte zielt, die im Schülertext erwartet werden. Diese Inhalte beziehen sich nicht ausschließlich auf die Informationen, die in den drei Teilen der Aufgabenstellung enthalten sind, sondern auf alle für den Arbeitsauftrag relevanten Inhalte der literarischen Vorlage.

12. KLASSENARBEITEN *M 49* S. 49–56

Der Differenzierung Rechnung tragend, sind die Klassenarbeiten (Gestaltendes und Interpretierendes Schreiben) jeweils in zwei Schwierigkeitsstufen angeboten. Es empfiehlt sich, die Schwierigkeitsstufe I den Lerngruppen anzubieten, die sich auf den Hauptschulabschluss vorbereiten, da sie den Prüfungsformaten angepasst sind. Für besonders starke Lerngruppen eignen sich vor allem die Themen für Klassenarbeiten, die ohne besondere Vorlaufaufgaben bearbeitet werden sollen.

DIE MATERIALIEN

1. INHALT – A. LÜCKENTEXTE ZU DEN KAPITELEINHEITEN DES SCHÜLERHEFTES

I. Kapitel 1–8 (S. 7–92)

Jonas erinnert sich an seine ...., die er gehabt hat, als ein fremdes .... über dem Gebiet der .... aufgetaucht ist. Er vergleicht diese Angst mit dem Gefühl, das er mit den Gedanken an die .... , einem Ritual der Gemeinschaft verbindet, das durch die Zuweisung zu einer Ausbildung über seine berufliche .... entscheiden wird.

Ein weiteres ...., das neben der Erwähnung einiger Regeln für die Mitglieder der Gemeinschaft, gezeigt wird, ist die abendliche .... in den Familien. In Jonas' Familie geht es um die Wut der kleinen Schwester Lily, um die Sorge des Vaters um den Säugling ...., den er als Säuglingspfleger zu betreuen hat, um die Enttäuschung der Mutter, die eine führende Stellung bei .... hat, wegen eines Wiederholungstäters und schließlich um das Besorgt-Sein von Jonas wegen der Dezember-Zeremonie.

Jonas spricht mit seinen Eltern über die Dezember-Zeremonien, vor allem der Zwölfer-Zeremonie.

Der .... erzählt von seinen eigenen .... Beispiele für die einzelnen Jahrgangs-Zeremonien werden genannt. Jonas hat keine Vorstellung davon, welcher .... ihm zugewiesen werden könnte. Er weiß nur, dass ihm körperliche .... nicht liegt. Der Vater berichtet, dass nur selten jemand enttäuscht worden ist und die Möglichkeit zum .... besteht. Die Mutter weist darauf hin, dass sich Jonas' Leben mit .... der Ausbildung ändern wird. Zwischen den Mitgliedern der Gemeinschaft gibt es ein Unterscheidungsmerkmal: Die meisten Menschen haben dunkle ...., nur der .... , Jonas, der Säugling Gabriel und ein Fünfer-Mädchen haben helle Augen. Es ist erlaubt worden, dass Gabriel tagsüber in Jonas' Familie sein darf und nur für die .... in die Säuglingsstation zurückgebracht werden muss.

Jonas erinnert sich mit Verwirrung an den Vorfall, bei dem er für Sekunden die .... eines Apfels wahrgenommen hat. Er kann diese Veränderung weder genau beschreiben noch erklären, obwohl er immer neue .... unternommen und Untersuchungen des Apfels vorgenommen hat.

Im Unterschied zur genauen .... des Lebens der Mitglieder der Gemeinschaft können sich die Achter bis zur Zwölfer-Zeremonie selbst aussuchen, wo sie ihre .... verbringen. Jonas hat viele verschiedene Praktika ausprobiert. Da er sich nicht auf eines konzentriert hat, weiß er auch nicht, was für ihn als .... ausgewählt werden könnte. Im Altenzentrum hilft Jonas den alten Menschen beim .... und hört mit Interesse den Erzählungen von Larissa über die .... eines Freigegebenen zu. Es wird klar, dass weder Larissa noch Jonas wissen, was sich hinter der .... im Abschiedsraum befindet. Jonas macht sich auch Gedanken zu der ...., die nur auf Säuglinge und die .... nicht angewandt wird. Er begreift nicht, warum es diese .... geben muss.

Bei dem täglichen Morgenritual erzählen sich die Familienmitglieder gegenseitig ihre .... und sprechen darüber. Jonas träumt selten und kann morgens die Bruchstücke seiner .... nicht mehr zusammensetzen. An diesem Tag hat er jedoch über einen Traum zu berichten, in dem er mit dem Baden von .... beschäftigt gewesen ist und der ihn angenehm erregt hat. Für die Eltern ist das ein Anlass mit Jonas über diese .... zu sprechen und ihm die .... zu geben, die alle bekommen, wenn bei ihnen diese Entwicklung festgestellt wird.

In den verschiedenen Dezember-Zeremonien bekommen die einzelnen Jahrgänge bestimmte ...., die einen weiteren Schritt auf dem .... zum Erwachsensein bedeuten. Zum Beispiel erhalten die Siebener Jacken mit Knöpfen auf der .... als Zeichen, dass sie soziales Verhalten gelernt haben, da sie sich in den Jahren davor gegenseitig beim .... der hinten zu knöpfenden Jacken helfen mussten. .... sorgt sich um seine Berufszuordnung, da er dem Gerücht Glauben schenkt, dass einmal ein Junge nach einer Zuordnung zu den ....in eine Nachbargemeinschaft geflohen ist.

Jonas steht zu seiner Gemeinschaft, hält die Ehe- und .... für richtig und ist sich sicher, dass für jeden das Passendste gefunden worden ist. Die Zwölfer-Zeremonie beginnt mit einer allgemeinen ...., die auf die Kinderjahre der Kandidaten zurückblickt, auf die neuen .... und die neue Verantwortung und den Ernst der Berufsausbildung hinweist.

Die anschließenden Berufszuweisungen sind begleitet von einem .... auf die Kindheit jedes Einzelnen und einem .... dafür. Auch auf Erziehungsmethoden und ihre Folgen kommt die Chefälteste zu sprechen. Nur Jonas wird nicht aufgerufen. Er fragt sich voller ...., was er falsch gemacht hat.

Die Chefälteste entschuldigt sich bei der Gemeinschaft und ...., dass sie so lange auf seine Berufszuordnung warten mussten. Sie weist darauf hin, dass sie sich besondere .... geben mussten, einen neuen .... auszuwählen, da sie bei der letzten Wahl einen .... getan haben.

Jonas' Eignung wird ausführlich begründet mit seiner Intelligenz, Unbescholtenheit, ... und Weisheit.

Jonas fühlt Dankbarkeit und Stolz, aber auch ...., da er nicht weiß, was ihn erwartet.

– Abschiedszeremonie	– Baden	– Fehlgriff	– Mühe	– Unruhe
– Alten	– Beginn	– Fiona	– Müllmännern	– Vater
– Angst	– Beruf	– Flugzeug	– Nacht	– Veränderung
– Angst	– Dank	– Gabriel	– Nacktheitsregel	– Versuche
– Ansprache	– Dezember-Zeremonie	– Gefühlsaussprache	– Pille	– Vorderseite
– Anziehen	– Durchplanung	– Gegenstände	– Praktikumsstunden	– Vorschrift
– Arbeit	– Einspruch	– Gemeinschaft	– Ritual	– Weg
– Asher	– Erfahrungen	– Gericht	– Rückblick	– Zukunft
– Aufgaben	– Erinnerung	– Hüter	– Tapferkeit	
– Augen	– Erregung	– Hüter	– Träume	
– Ausbildungsplatz	– Familienplanung	– Jonas	– Tür	

II. Kapitel 9–12 (S. 93–135)

Jonas hat zum ersten Mal das .... , allein auf sich angewiesen zu sein. Durch seine Erwählung spürt er eine .... zu seinen Freunden und auch zu seiner Familie. Die Eltern sind stolz auf Jonas, der Vater spricht von der wichtigsten .... in der Gemeinschaft. Auf Jonas' Frage nach seinem Vorgänger, der eine .... gewesen ist, bekommt er nur den Hinweis, dass es sich um ein .... gehandelt habe und dass sie nicht wissen, was aus ihr geworden ist. Der Gemeinschaft ist verboten worden, ihren .... auszusprechen. Im Unterschied zu den .... der anderen Zwölfer erhält Jonas nur ein Blatt. Manche Informationen verwirren ihn. Er ist zum Beispiel von der Höflichkeitsregel und dem Verbot der .... befreit. Am ersten Ausbildungstag betritt Jonas das Zimmer des Hüters und ist sehr beeindruckt von dem gemütlichen Raum, vor allem von den vielen .... Er hat nicht gewusst, dass es noch mehr Bücher gibt als die Standardwerke, die bei ihm zu Hause stehen. Als Jonas den ....

bemerkt, stellt er sich vor. Der Hüter ist ein freundlicher Mann, der Jonas darauf aufmerksam macht, dass die .... anstrengend sein wird. Er möchte, dass Jonas ihm .... stellt, weil er die Dinge nicht gut beschreiben kann. Der Hüter meint, dass er bei der letzten Ausbildung versagt habe, und will nun auf besondere .... achten. Er wird Jonas die Erinnerungen der ganzen Welt übertragen. Jonas ist für diese Übertragungen bereit. Die erste Erinnerung, die Jonas übertragen wird, ist eine .... Langsam erfährt Jonas das .... von Kälte und Schnee auf der Haut, sieht die Winterwelt um sich herum. Er begreift, dass es sich um Schnee und eine Schlittenfahrt handelt, weiß ihm vorher unbekannte .... und genießt die Fahrt den Berg hinunter. Diese Erinnerung hat der Hüter nach der .... nicht mehr. So wird es mit allen Erinnerungen, die auf Jonas übergegangen sind, geschehen. Der Hüter erklärt, dass die .... eingeführt wurde, damit die Menschen genügend .... haben und in Frieden miteinander leben können. Um auch eine schmerzhafte Erinnerung zu erleben, bekommt Jonas die Übertragung eines .... Bevor Jonas nach Hause geht, sagt ihm der Hüter, er solle ihn .... nennen. Nach der ersten .... träumt Jonas von der Schlittenfahrt. Er hat das Gefühl, als gäbe es ein .... in der Ferne und als müsse er dieses Ziel erreichen und würde dort willkommen sein. Er weiß, dass dies sehr wichtig ist, aber weiß nicht, wie er dort hinkommen soll. In der .... muss Jonas sehen, wie sich seine Mitschüler in den Pausen über ihre .... unterhalten. Dadurch fühlt er sich isoliert. Wieder hat er ein Erlebnis des Über-die-Dinge-Hinaussehen, als sich die Haare Fionas für .... verändern. Der Geber erklärt ihm, was diese Erlebnisse zu bedeuten haben: Jonas beginnt .... zu sehen, zunächst die Farbe Rot. Um ihm den Eindruck von Farben zu zeigen, überträgt er eine Erinnerung an einen ....

– Aufgabe	– Distanz	– Gefühl	– Nahrungsmittel	– Sonnenbrandes
– Ausbildung	– Farben	– Gleichheit	– Namen	– Sorgfalt
– Ausbildungen	– Fehlentscheidung	– Hüter	– Regenbogen	– Übertragung
– Ausbildungsstunde	– Fragen	– Informationsmappen	– Schlittenfahrt	– Ziel
– Begriffe	– Geber	– Lüge	– Schule	
– Büchern	– Gefühl	– Mädchen	– Sekundenbruchteile	

III. Kapitel 13–15 (S. 136–168)

Während seiner Ausbildung verändert sich .... Er möchte selber .... treffen können. Doch er sieht ein, dass der Schutz vor falschen Entscheidungen den Menschen .... bringt. Jonas bekommt häufig

.... auf seine zufriedenen Klassenkameraden und auf sich, weil er nichts tun kann, um ihnen sein .... zu übermitteln. Dennoch versucht er – erfolglos – ohne Wissen des ...., seine Freunde anzuregen, sich zum Beispiel die Blumen genau anzusehen. In der Ausbildung erhält er die Übertragung einer .... in Afrika und empfindet den Schmerz eines von .... getroffenen Elefanten und die .... eines zweiten Tieres mit. Er erkennt, dass Rot auch die Farbe des .... ist. Die Menschen in der Gemeinschaft leben ruhig und friedlich, weil der Hüter alle .... der Erinnerungen allein trägt. Jonas weiß, dass er wirklich schlimmes .... noch nicht erlebt hat. Der Geber entschließt sich, ihm die Erinnerung an einen heftigen körperlichen .... zu übertragen. Jonas erlebt bei der Übertragung einen .... und die damit verbundenen Schmerzen, unter denen er sehr leidet. Es folgen weitere Schmerz-Erinnerungen, die auch Gefühle von .... verursachen. Jonas fragt, warum es notwendig sei, die .... zu bewahren, und erhält die Antwort des Gebers, dass diese Erinnerungen weise machen. Jonas fragt weiter, warum nicht alle .... der Gemeinschaft die Erinnerungen haben können. Der Geber weist auf die zu große Belastung hin. Das findet Jonas unfair, erkennt aber, dass eine .... unmöglich ist, denn die Entscheidung wurde schon vor sehr langer Zeit getroffen. In der .... von Jonas geht es um die Frage, ob Gabriel freigegeben werden sollte. Jonas versucht nachts, Gabriel eine schöne Erinnerung zu übertragen, um ihn zu beruhigen. Als ihm dies gelingt, ist er sehr erschrocken über seine .... und beschließt, nicht darüber zu sprechen. Wenn der .... leidet, muss Jonas wieder nach Hause gehen. Manchmal bittet der Geber seinen Schüler, ihn zu entlasten. Einen großen .... bekommt Jonas durch die Übertragung einer Erinnerung an den .... Er findet sich auf einem ...., versucht einem tödlich getroffenen Jungen Wasser zu geben und erlebt das .... des jungen Soldaten. Er hört die Schreie der ...., sieht die verletzten leidenden Pferde, hört die Laute der sterbenden Tiere und Menschen. Er begreift, was Krieg ist. Der Geber sieht, wie Jonas unter dieser Erinnerung leidet und bittet um ....

– Angst	– Familie	– Macht	– Sicherheit	– Waffen
– Belastungen	– Geber	– Mitglieder	– Sterben	– Wissen
– Blutes	– Gebers	– Schlachtfeld	– Trauer	– Wut
– Elefantenjagd	– Jonas	– Schlittenunfall	– Veränderung	
– Entscheidungen	– Krieg	– Schmerz	– Verwundeten	
– Erinnerungen	– Leid	– Schock	– Verzeihung	

IV. Kapitel 16–19 (S. 169–210)

Nach der Kriegserinnerung ist Jonas in der ...., die Ausbildung abzubrechen. Als Linderung überträgt ihm der Geber einen .... in der Familie. Jonas spürt dadurch, was .... ist, kann es aber seiner Familie nicht vermitteln. .... ist nachts wieder bei Jonas, da er im Säuglingszentrum die ganze Nacht weint. Jonas überträgt ihm zur .... schöne Erinnerungen und hat damit.................................... . Während der Ausbildungszeit ist in Jonas ein Bewusstsein entstanden, das ihm dazu rät, die .... nicht mehr zu nehmen. Im Verlauf der Ausbildung werden die .... von Jonas immer intensiver.

Der Versuch, seine Freunde am Krieg-Spielen zu hindern, hat keinen Erfolg. Jonas fühlt sich einsam, da er erkennt, dass seine Familie und seine .... ihn nicht mehr verstehen können. Er weiß, dass er sein sorgloses Dasein verloren hat, dass seine Freunde seine große .... nicht erwidern können. Im Säuglingszentrum wird eine kleine Feier veranstaltet, da Gabriel begonnen hat zu laufen. Gleichzeitig wird die .... für den Kleinen eingeführt. Auf Jonas' .... hin erzählt ihm der Geber die Geschichte von seiner Vorgängerin .... Sie hat um .... gebeten, weil sie den Belastungen der Erinnerungen nicht gewachsen gewesen ist. Aus .... würde Jonas das nie tun. Jonas macht sich Gedanken darüber, dass ihm etwas zustoßen könnte, zum Beispiel ein Unfall im .... Wären dann die vielen Erinnerungen, die er schon übertragen bekommen hat, verloren? Der Geber antwortet, dass sie die .... der Gemeinschaft überfluten würden, die nicht wüssten, wie sie mit ihnen umgehen sollten. Daher bittet er Jonas, sich vom Fluss fernzuhalten. Jonas möchte sehen, wie sein .... einen Zwilling freigibt. Der Geber ermöglicht das durch eine Video-Aufzeichnung. So erkennt Jonas, dass sein Vater das Baby tötet und entsorgt.

Sein .... ist groß. Der ‚Geber' erzählt, dass er weggeschaut hat, als Rosemary sich die, ... selbst gegeben habe. Jonas Entsetzen darüber, dass Freigabe bedeutet, die Menschen zu töten, ist so groß, dass es sich in einem .... äußert.

- Beruhigung
- Bitte
- Entsetzen
- Erfolg
- Fluss
- Freigabe
- Freunde
- Gabriel
- Gefühle
- Liebe
- Menschen
- Pille
- Rosemary
- Schrei
- Spritze
- Strafrute
- Vater
- Verantwortungsgefühl
- Versuchung
- Weihnachstabend
- Zuneigung

V. Kapitel 20–23 (S. 211–250)

Jonas weigert sich, nach .... zu gehen. Er bleibt die Nacht über beim Geber. Nach anfänglichen aggressiven Reaktionen Jonas' und dem .... des Gebers, dass er schon lange weiß, dass etwas geändert werden muss, schmieden die beiden Hüter einen .... für Jonas. Der Geber lehnt Jonas' Bitte, ihn zu begleiten, ab, da er sich für die Mitglieder der Gemeinschaft verantwortlich fühlt. Seine .... ist es, sie vor den Erinnerungen zu schützen. Wenn diese Erinnerungen nach der Flucht von Jonas auf die Gemeinschaft zurückkommen, muss er sie vor dem .... schützen, das ausbrechen wird, weil die Menschen es nicht gelernt haben, mit diesen Erinnerungen umzugehen. Seine Aufgabe wäre erst beendet, wenn die Menschen wieder ganzheitlich geworden sind. Danach will der Geber zu seiner .... Rosemary gehen. Jonas lehnt die Übertragung von .... ab, um sie dem Geber nicht zu nehmen. Zu Hause geht Jonas den Fluchtplan noch einmal in allen .... durch, um gut vorbereitet zu sein. Die Flucht kann nicht wie geplant stattfinden, da Jonas von der drohenden .... Gabriels erfährt. Daher muss er das Kind mitnehmen.

Er muss möglichst früh in der Nacht aufbrechen und kann nicht zum Geber zurück, da er keine .... verursachen will. Durch die Übertragung einer beruhigenden Erinnerung schläft Gabriel und Jonas radelt angestrengt, bis sie im Morgengrauen in einer einsamen Gegend halten, essen und unter Bäumen schlafen, um von den .... nicht entdeckt zu werden. Vor diesen Flugzeugen mit ihren Wärmesensoren hat Jonas die meiste Angst. Mithilfe von Erinnerungen an .... kühlt er Gabriels Körpers ab. Die Flucht verläuft fast automatisch: nachts radeln, tagsüber schlafen im .... Die Flugzeuge werden seltener und sind schließlich einen ganzen Tag und eine Nacht lang nicht mehr aufgetaucht. Sie kommen durch eine weniger gepflegte ...., Jonas stolpert über einen Stein und verletzt sich. Die fremde Landschaft wirkt bedrohlich, die Sorge um Gabriel belastet Jonas. Doch sie erleben auch einen glücklichen Moment, als .... auftauchen, Wildblumen zu sehen, ... und das Rauschen des Windes in den Blättern zu hören sind.

Die Angst vor dem .... und die Kraftlosigkeit belasten Jonas. Gabriel wird immer schwächer. Das .... wird durch die Unterernährung immer schwerer. Als sie eine Landschaft mit Hügeln und Bergen erreicht haben, können sie – vom Regen durchnässt und frierend – nur noch aus .... weinen. Jonas spürt das nahe Ziel *Anderswo*, hat aber wenig ...., dass seine Kraft ausreichen wird, es zu erreichen. Gabriel ist abgemagert und fast leblos. Jonas widersteht der ...., im Schlaf alles zu vergessen, denn er weiß um seine .... für Gabriel. Er hat kaum noch Erinnerungen, da sie zur der Gemeinschaft zurückgegangen sind. Den letzten Rest der Erinnerung an Sonnenschein und .... versucht er mehrmals mit Gabriel zu teilen. Obwohl die Kälte immer wieder zurückkommt, wird der .... gestärkt. Jonas mobilisiert seine letzten Kräfte, beginnt mit dem ...., fällt, steht wieder auf, schleppt sich weiter, bis er den Gipfel des Hügels erreicht hat. Oben angekommen erkennt er mit einem .... in dem Ort im Tal das *Anderswo* seiner eigenen Erinnerungen. Er findet den .... und beginnt die Abfahrt mit unerschütterlicher Hoffnung und letzter ...., Gabriel eng an sich gedrückt. Er ist sicher, dass sie unten erwartet werden und hört zum ersten Mal in seinem Leben Musik.

– Aufgabe	– Geständnis	– Musik	– Tiere	– Verzweiflung
– Aufstieg	– Glücksgefühl	– Radfahren	– Tochter	– Vogeltrillern
– Chaos	– Hause	– Schlitten	– Verantwortung	– Wärme
– Einzelheiten	– Hoffnung	– Schnee	– Verhungern	– Willenskraft
– Fluchtplan	– Landschaft	– Sehnsucht	– Versteck	
– Freigabe	– Lebenswille	– Suchflugzeugen	– Verzögerung	

Illustration: Regine Becker

1. INHALT – B. LÜCKENTEXT ZUM GESAMTEN ROMAN

Der Roman „Hüter der Erinnerung" spielt in einem Land der ...., in dem die .... herrscht. Die Menschen leben in Sicherheit und Ordnung. Alles ist durchgeplant. Familien entstehen nicht natürlich, sondern durch Zuordnungen durch das .... Durch ein ausgeklügeltes ...., durch Regeln, Rituale, ... und Strafen werden die Menschen im .... gehalten. Immer wieder taucht der Begriff ‚.......................................' auf, aber niemand weiß, was er bedeutet. Die Menschen haben keine Erinnerungen an die Zeit vor der Gleichheit, kennen keine ...., Tiere und vor allem keine echten tiefen .... Nur ein Mitglied der Gemeinschaft weiß um die Erinnerungen „der ganzen Welt", der sogenannte Hüter. Er durchlebt diese Erinnerungen, gewinnt dadurch an ...., leidet aber auch sehr. Der zwölfjährige Jonas, der in seiner Familie mit seinen Eltern und seiner jüngeren Schwester Lily lebt und seine .... mit seinen Freunden Asher und Fiona verbringt, soll zum .... des Hüters ausgebildet werden. Die .... ist anstrengend und belastend. Der Hüter, von Jonas Geber genannt, überträgt dem Jungen nach und nach schöne und schmerzliche .... Durch die Erfahrungen, die Jonas dabei macht, verändert er sich. Er beginnt intensiver zu fühlen und kritischer zu denken. Schockiert ist er, als er durch eine .... erkennt, was Krieg bedeutet, während die Erinnerung an einen .... beglückend ist. Jonas fühlt sich immer mehr isoliert von seinen Freunden und seiner Familie, da er nur mit dem Hüter über seine .... sprechen darf. Er spürt die .... und das Leid, das ihn in einem Leben als Hüter erwartet. Seine kritischen Gedanken lassen ihn nicht mehr los. Als er sieht, wie sein Vater ein Baby ‚freigibt', versteht er, dass ‚Freigabe' .... bedeutet. Sein Entsetzen ist groß. Zusammen mit dem Geber entwickelt er einen Plan für eine Flucht nach ...., den Ort, nach dem er sich immer gesehnt hat. Durch seine .... werden die Erinnerungen, die er schon übertragen bekommen hat, frei und kommen zu den Menschen in der Gemeinschaft zurück, die nicht gelernt haben, mit ihnen umzugehen. Deshalb bleibt der Geber zurück, um ihnen beizustehen. Jonas flieht mit dem Baby ...., dem die Freigabe droht, und beide erreichen nach langer, entbehrungsreicher und .... zehrender Flucht den .... des Hügels, an dessen Fuß *Anderswo* liegt. Jonas fühlt sich am ....

– Anderswo	– Farben	– Gefühle	– Kräfte	– Überwachungssystem
– Ausbildung	– Flucht	– Gehorsam	– Medikamente	– Weihnachtsabend
– Ausbildungserfahrungen	– Freigabe	– Gipfel	– Nachfolger	– Weisheit
– Belastungen	– Freizeit	– Gleichheit	– Tötung	– Zukunft
– Erinnerungen	– Gabriel	– Komitee	– Übertragung	– Ziel

2. THEMENBEREICHE DES ROMANS (STRUKTUR-LEGETECHNIK)

Begriffskärtchen zu den Themen des Romans

GEMEINSCHAFT	**KOMITEE**	**GEHORSAM**
ÜBERWACHUNG	**STRAFEN**	**FREIGABE**
REGELN	**RITUALE**	**MEDIKAMENTE**
GEFÜHLE	**TRÄUME**	**GESPRÄCHE**
ERINNERUNGEN	**BELASTUNGEN**	**ÜBERTRAGUNG**
HÜTER	**SCHMERZEN**	**KRITIK**
FLUCHT	**ANDERSWO**	**VERÄNDERUNG**
GLEICHHEIT	**WEISHEIT**	**ZUORDNUNG**
CHAOS	**UNWISSEN**	**ISOLATION**

3. DAS HÖRBUCH „HÜTER DER ERINNERUNG"

Aufgabe

Vervollständige die Tabelle und vergleiche abschließend die Wirkung des Hörens mit der des Lesens.

	STIMME	BETONUNG UND LAUTSTÄRKE	SPRACHTEMPO	DEUTLICHKEIT UND SPRACHEBENE
	• angenehmer/unangenehmer Klang • abwechslungsreiche/monotone Stimmlage	• abwechslungsreich/monoton • sinngemäß/nicht dem Sinn entsprechend	• zu schnell/angemessen/zu langsam • Text leicht/schwer mitzuverfolgen • zu wenige/zu viele Pausen	• deutlich/undeutlich • Hochsprache/gehobene Umgangssprache/Dialekt/sinngemäß abwechselnd
Welche Mittel setzt der Sprecher ein? ***Beziehe dich bei deinen Antworten auf die Angaben in der obersten Zeile.***				
Welche Wirkung hat der Sprecher auf dich? Kannst du gut zuhören und verstehen? Hast du Freude am Zuhören? ***Begründe.***				

Vergleich mit der Wirkung des Textes auf den Leser

4. DIE AUTORIN LOIS LOWRY: LEBEN UND WERK

DAS GIVER-QUARTETT

Hüter der Erinnerung (The Giver) 1993

- 1994 Newbery Medal gewonnen
- mehr als 10 Millionen Mal verkauft
- in Australien, Kanada und den Vereinigten Staaten: auf der Leseliste der Mittelschule

Der Roman bildet ein loses Quartett mit drei anderen Büchern:

Auf der Suche nach dem Blau (Gathering Blue) 2000

Der Roman spielt im gleichen zukünftigen Zeitraum, und es werden teilweise gleiche Themen behandelt. Die Menschen leben sehr eingeschränkt in einem totalitären System. Es geht vor allem um ein kleines Mädchen, Kira, das durch ein deformiertes Bein behindert ist. Als ihre Mutter stirbt, ist Kira Waise und befürchtet, von der Dorfgemeinschaft verstoßen zu werden. Doch aufgrund eines besonderen Talentes darf sie bleiben.
Ihre Fähigkeit und Geschicklichkeit im Anfertigen von farbenprächtigen Stoffen und Gewändern und dem Umgang mit Farben verschaffen ihr den nötigen Respekt, die Achtung und das Ansehen der Ältesten, die sie überleben lassen und für ihre Zwecke einsetzen. Langsam kommt Kira dahinter, was wirklich hinter der Regierung steckt. Sie erfährt mehr über die Wahrheit ihres Dorfes und die schrecklichen Geheimnisse und entdeckt die wahren Umstände, die zum Tod der Mutter und zum vermeintlichen „Tod" ihres Vaters geführt haben.
In diesem Roman ist der Kampf eines jungen, körperlich benachteiligten Menschen beschrieben, der in der bedrohlichen Situation einen klaren Kopf behält und sich gegen die menschenverachtende Gesellschaft behauptet.

Die Gabe des Boten (Messenger) 2004

Der Roman spielt im gleichen Dorf, in das Jonas ca. 6 Jahre zuvor auf seinem roten Schlitten mit dem kleinen Gabe gekommen ist. Die Hauptperson Matty lebt mit einem alten blinden Mann zusammen, der als Seher bekannt ist. Matty besitzt die geheimnisvolle Gabe der Heilkraft und nimmt Hunden durch Handauflegen die Krankheit, was ihn selbst jedes Mal sehr erschöpft.
Das Dorf beginnt sich zu verändern, immer mehr Bürger verlangen, die Grenzen zu schließen. Die Stimmung wird schlecht, die einst so freundlichen Dorfbewohner sind wie umgewandelt. Zuwanderer sind nicht mehr willkommen. Der Seher fordert Matty auf, in eine Nachbargemeinde zu reisen, um seine Tochter Kira zu holen, warnt ihn aber vor dem dunklen, gefährlichen Wald.
Nach einem Rückweg mit Bedrohung und Gefahr kommen Matty und Kira verletzt und dem Tode nahe im Dorf an und Matty heilt mit seiner letzten Lebenskraft seine Welt.

Sohn (Son) 2012

Der Roman beschreibt einen letzten Kampf zwischen Gut und Böse.
Claire, die Mutter von Gabriel, hat nicht die Anweisung bekommen, die Pille zu nehmen. Daher sind ihre Gefühle nicht gehemmt worden und sie entwickelt sie für ihren Sohn. Als sie erfährt, dass Gabriel von Jonas mit nach *Anderswo* genommen worden ist, macht sie sich per Schiff auf den Weg dorthin. Nach einem Schiffbruch wird sie am Strand gefunden. Nachdem sie unter dem Zwang des bösen Trade in eine alte Frau verwandelt worden ist, findet sie ihren Sohn, jetzt Gabe genannt, als jungen Mann, der die Gabe hat, für Sekundenbruchteile in die Köpfe anderer Menschen zu sehen. Gabe ist neugierig auf seine alte Heimat. Als er von dem zerstörerischen Handeln Trades hört, macht er ihn unschädlich und Claire wird wieder die junge Frau.

Hallo! Ich wünschte, ich könnte dich zu einer Tasse Tee in meine Küche einladen, damit wir etwas plaudern können. Da dies leider nicht möglich ist, besuche mich doch auf meiner Website. Die ist ebenfalls eine gute Möglichkeit.
Nimm dir Zeit und schau dich in Ruhe um. Dort findest du ein Verzeichnis all meiner Bücher und einen Kalender mit den Terminen meiner Signierstunden und anderer Veranstaltungen. Ebenso findest du eine Sammlung meiner Reden, meinen persönlichen Blog und vieles mehr.
In meinem Blog kannst du auch Kommentare hinterlassen und mir direkt eine E-Mail zusenden. Ich würde mich sehr freuen, von dir zu hören!
Die Seite wird regelmäßig aktualisiert und ich hoffe, du besuchst sie öfters. Du findest auch Tools, die dich über Neuigkeiten auf meiner Seite informieren (suche nach RSS, Symbolen für soziale Netzwerke und Lesezeichen, damit du dich registrieren/anmelden kannst).
Also, auf geht's: Stöbere im Blog-Archiv, sieh dir deine Lieblingsbücher noch einmal an, und erfahre, wann ich in einer Buchhandlung in deiner Nähe bin. Ich wünsche dir dabei viel Spaß!

Lois Lowry erzählt über sich:
In meiner Kindheit habe ich viel mit meiner älteren Schwester, die wie eine Mutter zu uns war, und meinem jüngeren Bruder zusammen mit der elektrischen Eisenbahn und Baukästen gespielt. Als ich älter geworden bin, habe ich in der Welt der Bücher und meiner lebendigen Vorstellungen gelebt.
Weil mein Vater als Militärarzt oft versetzt worden ist, mussten wir häufig umziehen und ich konnte viel von der Welt sehen. Meine Schul- und Universitätszeit habe ich an verschiedenen Orten verbracht.
Ich habe jung geheiratet, mit 19 Jahren. Mein Mann ist Offizier und wir haben vier Kinder, die in Maine aufgewachsen sind.
Seit ich denken kann, war mein Traum, Schriftstellerin zu werden, und ich habe immer schon Geschichten und Gedichte in mein Notebook geschrieben.
1977 trennten sich mein Mann und ich und ich reiste mit meinem neuen Partner Martin durch die Welt. Seit Martins Tod 2011 lebe ich allein mit meinem Hund und meiner Katze in einem Haus in Cambridge. Dort schreibe ich meine Bücher, die alle die Wichtigkeit von menschlichen Beziehungen zum Thema haben. Ich liebe auch mein altes Farmhaus und seinen Blumengarten in Maine, wo ich oft mit meinen Enkeln bin.

Aufgabe 1

a. Lest die Informationen über das Giver-Quartett und den Text, in dem Lois Lowry über sich erzählt.
b. Wenn ihr möchtet, könnt ihr der Einladung der Autorin folgen und auf ihre Webseite gehen: www.loislowry.com und euch die Seiten eventuell auch übersetzen lassen.

Aufgabe 2

Gestaltet ein Plakat zu Lois Lowry, zu ihrem Leben und ihren Büchern. Auf der Webseite findet ihr dazu viele Bilder.

Aufgabe 3

Erklärt, warum die vier Bücher zu einem Quartett zusammengefasst werden konnten, und notiert diese Erklärung auch auf dem Plakat.

5. PROBLEMSTELLUNG (TRADE-A-PROBLEM)

THEMA/PROBLEMSTELLUNG

....

....

ANTWORT GRUPPE I:

ANTWORT GRUPPE II:

ANTWORT GRUPPE III:

ANTWORT GRUPPE IV:

ANTWORT GRUPPE III:

6. REZIPROKES LERNEN (ÜBER DEN UMGANG MIT GEFÜHLEN)

Aufgaben

a. Lies den Text „Über den Umgang mit Gefühlen".
b. Bearbeite das dazu gehörige Arbeitsblatt.

ÜBER DEN UMGANG MIT GEFÜHLEN*

Viele Menschen haben nicht gelernt, richtig mit ihren Gefühlen umzugehen. Das zeigt sich im Unvermögen, Gefühle klar zu benennen und/oder über sie zu sprechen. Oft sind wir weit davon entfernt, unsere Gefühle bezeichnen zu können, wenn wir zum Beispiel schlecht gelaunt sind, ohne dass wir sagen könnten, welche Empfindung genau dahinter steckt.
Der direkte Zugang zu ihren Gefühlen, den Kinder zunächst haben, geht langsam verloren. Die Rücksichtnahme auf die Erwartungen der Gesellschaft prägt häufig die Erziehung und führt zu der schrittweisen Einsicht, dass es für den Umgang mit den Mitmenschen und die Karriere nützlicher sein kann, seine Gefühle für sich zu behalten. Kinder werden gemaßregelt und bestraft, um dieser Einsicht nachzuhelfen. Und so tragen viele Menschen „Masken", hinter denen Emotionen und Empfindungen jeder Art gut verborgen werden.
Da sich die Menschen meist nur ungern unangenehmen Gefühlen wie Angst, Trauer, Schuld oder einem verwirrenden Gefühlsmix stellen wollen, setzt ihr Verdrängungsmechanismus ein. Sie sehen die einzige Möglichkeit, dieser Situation zu entfliehen, darin, die Gefühle ständig zu kontrollieren. Aber es ist ein Irrtum, anzunehmen, dass die Gefühle auf diese Weise verschwinden. Erstens kostet es eine Menge Energie, die dann an anderer Stelle fehlt, und zweitens machen dauerhaft unterdrückte Gefühle krank. Je mehr Unterdrückungsarbeit geleistet werden muss, umso anfälliger kann der Körper für Beschwerden und Krankheiten aller Art werden. Zu den häufigsten körperlichen Stressreaktionen gehören in diesem Zusammenhang: Bluthochdruck, Magenbeschwerden, Infekt-Anfälligkeit.
Erst wenn auch die unangenehmen Gefühle zugelassen und durchlebt werden, verlieren sie ihren Schrecken und die Stressreaktionen verschwinden. Gefühle klingen ab, wenn sie durchlebt worden sind. Wer diesen Weg einmal gegangen ist, wird die Erfahrung gemacht haben, dass auch die schönen Gefühle intensiver erlebt werden können.
Es gibt Möglichkeiten, den Mangel der Fähigkeit, mit Gefühlen umzugehen, aufzuarbeiten. Im Folgenden werden einige Ratschläge aufgeführt, die zu Beginn des Auseinandersetzung mit sich Hilfen sein können:

- ***Gefühle beschreiben***
  Das kann durch schriftliche Aufzeichnungen oder im Gespräch mit einem vertrauten und verantwortungsvollen Menschen geschehen.

- ***Gefühle malen***
  Durch Farben und Formen kann man versuchen, seine Gefühle auszudrücken.

- ***Gefühle tanzen***
  Dazu genügt es, sich von einer angenehmen Musik zu Bewegungen anregen zu lassen. Jugendliche nehmen unbewusst diese Möglichkeit wahr, wenn sie sich den Rhythmen ihrer Musik hingeben.

- ***Gefühle zeigen***
  Eine gute Möglichkeit, Gefühle auszudrücken, ist die Pantomime.

- Es ist auch einen Versuch wert, sich einmal ***genauer damit zu beschäftigen***, was es im Augenblick eigentlich heißt, wenn man denkt oder sagt: „Mir geht es schlecht."

- ***Genaue Begriffe für Gefühle suchen***
  Der Duden gibt zum Beispiel für Trauer auch an: Kummer, Schmerz, Betrübnis, Leid.
  Welcher Ausdruck würde genau in einer bestimmten Situation passen?

* Informationen entnommen aus:
http://www.gesundheit-und-wohlbefinden.net/unterdrueckte-gefuehle-und-die-angst-gefuehle-zuzulassen/
http://www.angst-panik-hilfe.de/angst-gefuehle-zulassen.html
http://www.akademie.de/wissen/psychische-gesundheit-stress-burn-out/gefuehle-ausdruecken

REZIPROKES LERNEN – ARBEITSBLATT

1. *Diese Fragen kannst du mithilfe von Informationen, die an einzelnen Stellen im Text stehen, beantworten.*

a. Welche Rolle spielt die Erziehung für den Umgang mit Gefühlen?

....

....

b. Warum verdrängen Menschen ihre Gefühle?

....

....

2. *Diese Fragen kannst du mithilfe von Informationen, die an verschiedenen Stellen zu finden sind, beantworten.*

a. Wie zeigt sich die Unfähigkeit, richtig mit Gefühlen umzugehen?

....

....

b. Welche Folgen haben Verdrängen und Zulassen von Gefühlen?

....

....

3. *Diese Fragen kannst du mithilfe von Textinformationen und deinem eigenen Wissen beantworten.*

a. Sind die Gefühlsaussprachen in der Gemeinschaft vertraute Gespräche im Sinne des Informationstextes?

....

....

b. Welche Rolle spielen die Erinnerungen, die Jonas übertragen bekommt, für seinen Umgang mit Gefühlen?

....

....

....

4. *Diese Fragen kannst du beantworten, wenn du Entscheidungen triffst und sie begründest.*

a. Könnte der unterschiedliche Umgang mit Gefühlen im Roman ein Hinweis auf unsere Gesellschaft sein?

....

....

....

b. Sind die Gefühls-Erfahrungen, die Jonas während der Ausbildung macht, ein Beispiel dafür, dass das Zulassen von Gefühlen auch positive Empfindungen intensiver macht?

....

....

....

7. GESPRÄCHE VERGLEICHEN

Aufgabe 1

a. Lies das Gespräch, das die Eltern und Jonas mit Lily führen (S. 12–15) und das Gespräch zwischen dem Geber und Jonas (S. 193–198).

b. Unterstreiche im ersten Gespräch alle Angaben, die Informationen über das Verhalten der Gesprächspartner geben.

c. Vervollständige die Tabelle.

	Gefühlsaussprache	***Gespräch zwischen Geber und Jonas***
Wo findet das Gespräch statt?		
Welchen Anlass hat das Gespräch?		
Über welche Themen wird gesprochen?		
Wer ist als Sprecher und/oder Zuhörer beteiligt?		
Wie gehen die Gesprächspartner miteinander um?		
Welches Ziel hat das Gespräch?		
Wer bestimmt dieses Ziel?		

Aufgabe 2

a. Lies den Informationstext „Merkmale eines guten Gesprächs"

b. Inwieweit erfüllen die beiden Gespräche die Forderungen, die der Informationstext stellt?

....

....

....

....

c. Warum sind die beiden Gespräche gute Beispiele für das Leben in der Gemeinschaft und die Ausbildungssituation? Erkläre.

....

....

....

....

INFORMATIONSTEXT

Merkmale eines guten Gesprächs

Grundsätzlich werden ***zwei Formen*** von Gesprächen unterschieden:

Personengespräche und Sachgespräche

Jedes Gespräch hat einen doppelten Bezug. Man spricht über eine Sache und man spricht sich aus. Im ersten Fall überwiegt der Sachbezug, im zweiten der Personenbezug. Personengespräche sind weitgehend nicht formalisierbar. Sie haben keinen offiziellen Gesprächsleiter und sind nicht durch ein von außen auferlegtes Reglement oder Ziel steuerbar. Dagegen sind die meisten Arten von Sachgesprächen formalisierbar und so ist es auch möglich, zu lernen, wie ein solches Gespräch zu führen und auf ein bestimmtes Ziel hin zu lenken ist. Sachgespräche dienen der Klärung, können zu Entscheidungen führen, aber auch zur Manipulation genutzt werden.

Ein guter Gesprächsteilnehmer zeichnet sich aus durch: Kommunikationsfähigkeit, das heißt Kooperationsfähigkeit und Konfliktfähigkeit sowie durch die Fähigkeit zur Selbstreflexion: Annahme und Verarbeitung von Selbst- und Fremdkritik.

Er hört genau zu und verarbeitet das Gehörte, bevor er seine eigene Meinung dagegen setzt. Er respektiert die Positionen seiner Gesprächspartner. Es geht darum, gemeinsam zu einem Ergebnis zu kommen, das für alle annehmbar ist. Dazu gehören Kompromissbereitschaft und Offenheit.

Auf Äußerungen und die dahinter stehenden Emotionen und Erfahrungen der anderen sollte eingegangen und nicht versucht werden, sie abzuschwächen oder nicht ernst zu nehmen. Es gilt der Satz: „Dies sind meine Wahrnehmungen. Schau, ob und wieweit sie dir dienlich sind."

Nicht zu akzeptieren ist eine Haltung, die in der folgenden Äußerung zum Ausdruck kommt: „Handle so, wie ich es will oder dir vorschlage."

Ein gutes Gespräch zeichnet sich aus durch Fairness, gegenseitigen Respekt und Ehrlichkeit.

8. LERNTEMPODUETT (TOTALITÄRE SYSTEME, SEKTENÄHNLICHE GEMEINSCHAFTEN)

ARBEITSBLATT A

I. EINZELARBEIT

1. Lies den Text „Totalitäre Systeme".
2. Fertige einen Stichwortzettel oder ein Schaubild an mit den Informationen, die du benötigst, um die Inhalte des Textes zu vermitteln.
3. Sobald du mit der Aufgabe fertig bist, suche dir einen Partner/eine Partnerin, der/die den Text „Sektenähnliche Gemeinschaften" bearbeitet hat.

II. PARTNERARBEIT

1. Erkläre deinem Partner/deiner Partnerin den Inhalt deines Textes anhand deines Stichwortzettels/deines Schaubildes.

III. EINZELARBEIT

1. Lies den Text deines Partners/deiner Partnerin, ohne einen Stichwortzettel/ein Schaubild zu erstellen.
2. Bearbeitet dann gemeinsam IV.

IV. PARTNERARBEIT

1. Listet die Informationen der Texte auf, die auch auf die Gemeinschaft in dem Roman „Hüter der Erinnerung" zutreffen.
2. Bereitet eine Kurz-Rede dazu vor. Fügt Beispiele aus dem Roman hinzu.

ARBEITSBLATT B

ARBEITSANWEISUNG ZUM LERNTEMPODUETT

I. EINZELARBEIT

1. Lies den Text „Sektenähnliche Gemeinschaften".
2. Fertige einen Stichwortzettel oder ein Schaubild an mit den Informationen, die du benötigst, um die Inhalte des Textes zu vermitteln.
   Sobald du mit der Aufgabe fertig bist, suche dir einen Partner/eine Partnerin, der/die den Text „Totalitäre Systeme" bearbeitet hat.

II. PARTNERARBEIT

1. Erkläre deinem Partner/deiner Partnerin den Inhalt deines Textes anhand deines Stichwortzettels/deines Schaubildes.

III. EINZELARBEIT

1. Lies den Text deines Partners/deiner Partnerin, ohne einen Stichwortzettel/ein Schaubild zu erstellen.
2. Bearbeitet dann gemeinsam IV.

IV. PARTNERARBEIT

3. Listet die Informationen der Texte auf, die auch auf die Gemeinschaft in dem Roman „Hüter der Erinnerung" zutreffen.
4. Bereitet eine Kurz-Rede dazu vor. Fügt Beispiele aus dem Roman hinzu.

INFORMATIONSTEXT I

Totalitäre Systeme[1]

Totalitäre Staaten weisen bestimmte gemeinsame Merkmale auf: Totalitäre Systeme leiten ihre Legitimation[2] nicht aus Wahlen her und akzeptieren den Willen des Volkes nicht als Begrenzung ihrer Macht. Sie sehen es als ihre Aufgabe an, den Willen des Volkes zu prägen. Grundlage ist eine religionsähnliche Weltanschauung, die sich als „wahr" ausgibt. Das Einparteiensystem sichert die Kontinuität[3].

Die Überzeugung, den idealen Zustand der Gesellschaft zu kennen und in naher Zukunft herbeiführen zu können, liegt dem Umgang mit den Menschen zugrunde. Der Einzelne ist der Gemeinschaft untergeordnet und muss sein Leben dem System entsprechend gestalten, im privaten wie im beruflichen Bereich. Familienplanung, Berufsausbildung und -ausübung dienen dem Funktionieren des Ganzen. Für den einzelnen Menschen bleibt wenig, im Extremfall kein Freiraum. Wer sich widersetzt und/oder Kritik übt, hat mit Sanktionen zu rechnen. Das kann unter anderem Abschiebung, Arbeitslager, Konzentrationslager, Gefängnis und Folter bedeuten.

Um die Macht zu sichern, hat das System einen gut durchdachten Überwachungsmechanismus zur Verfügung, der das Denken, Fühlen und Handeln der Menschen, so gut es geht, kontrollieren soll. Propaganda und Erziehung spielen hier eine entscheidende Rolle. Entsprechend ausgebildete und handelnde Personen garantieren eine Erziehung im Sinne des Staates, die auf Manipulation[4] und Indoktrination[5] setzt. Überwachungen durch Abhören und Bespitzeln sowie Aktionen von Geheimdiensten gehören ebenso zum System wie Einschüchterungen, Willkür und Machtmissbrauch gegenüber Einzelpersonen und Gruppen.

Totalitäre Systeme missachten die Menschenrechte. Meinungsfreiheit, Religions- und Gesinnungsfreiheit sowie Medienfreiheit sind nicht geduldet. Die Massenkommunikationsmittel befinden sich ausschließlich unter Kontrolle der Macht-Eliten. Eine derartige Beschränkung des Lebens verlangt nach starken Sicherheitsgarantien. Totalitäre Staaten setzen dazu die Trennung von Legislative[6], Exekutive[7] und Judikative[8], die zu den Grundvoraussetzungen demokratischer Staaten gehört, außer Kraft. Die Machthaber erlassen die Gesetze, haben die Überwachung der Befolgung der Gesetze und die Sanktionen bei Zuwiderhandeln in der Hand.

Vielfach in der Literatur werden das Deutsche Reich zur Zeit des Nationalsozialismus und die Sowjetunion samt deren Satellitenstaaten im Ostblock zur Zeit des Stalinismus als Veranschaulichung brutaler und menschenverachtender Systeme herangezogen.

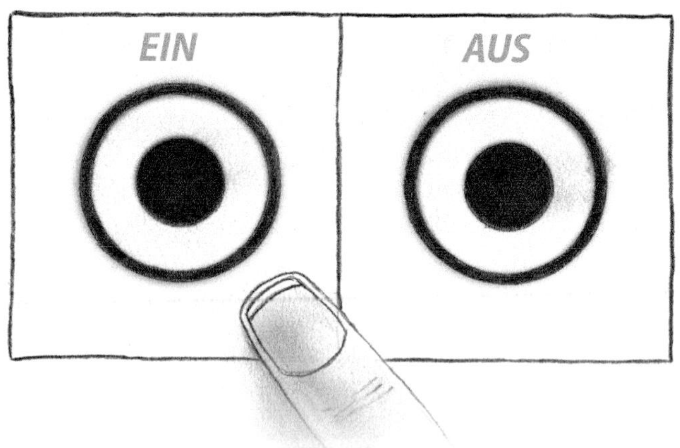

1 Informationen aus:
http://www.dadalos.org/deutsch/demokratie/demokratie/grundkurs1/material/abgrenzung.htm
http://www.kwschulen.ch/Lernlandschaften/06_Zeit/2.Weltkrieg/Z_2.WK_Z_1.pdf

2 = Berechtigung

3 = im Sinne von: ununterbrochener Fortgang, ununterbrochener Zusammenhang

4 = gezielte und verdeckte Einflussnahme, Steuerung des Denkens, Fühlens und Verhaltens von Einzelnen und Gruppen, die diesen verborgen bleiben sollen

5 = keine Diskussion und keinen Widerspruch zulassende Belehrung durch gezielte Manipulation von Menschen mittels einer gesteuerten Auswahl von Informationen, um die eigene Position, die Anspruch auf Wahrheit erhebt, durchzusetzen oder Kritik auszuschalten.

6 = gesetzgebende Gewalt

7 = ausübende Gewalt

8 = richterliche Gewalt

INFORMATIONSTEXT II

Sektenähnliche Gemeinschaften[1]

Das Wort Sekte geht auf das lateinische „secta" zurück, welches vom Verb „sequi" - „folgen" abzuleiten ist. In Bezug auf eine sektenhafte Gemeinschaft ist es als „einem Meister nachfolgen" zu verstehen. Die Etymologie[2] betont damit ein wesentliches Merkmal sektenähnlicher Gruppen.
Da es keine offizielle oder wissenschaftlich anerkannte Definition des Begriffes „Sekte" gibt, geht man bei Beschreibungen solcher Gemeinschaften häufig vom landläufigen Sektenbegrifft aus, der beinhaltet, dass „Sekte" eine Gemeinschaft ist, die Freiheit raubt.

Es handelt sich immer um eine konkrete Gruppe bzw. Organisation, die in einem Gesamtgefüge einer Gesellschaft eine Sondergruppe darstellt. Deren Führungspersönlichkeit ist in ihren Aussagen und Handlungen nicht hinterfragbar. Die Führung ist von einem Elite-Bewusstsein geprägt. Sie darf von den Mitgliedern nicht kritisiert werden.
Die Innenwelt der Gemeinschaft wird von der Außenwelt abgespaltet, das bisherige Leben der Mitglieder wird abgewertet. Zeichen der Abgrenzung von der Außenwelt ist zum Beispiel das Verbot oder die Ächtung von Liebesbeziehungen eines Mitgliedes der Gemeinschaft mit einem Außenstehenden. Bestimmte Identitätsmerkmale unterstützen das Zugehörigkeitsgefühl: ein neuer Name, eine besondere Kleidung, eine spezielle Nahrung.

Diese Organisation nimmt ihren Mitgliedern die Autonomie[3] im persönlichen und gesellschaftlichen Bereich. Ein weiteres Merkmal solcher Gruppen ist ein Regelsystem, das befolgt werden muss. Um diesen Gehorsam zu garantieren, wird ein Kontrollmechanismus entwickelt, der die Mitglieder überwachen soll.

Eine hohe zeitliche Inanspruchnahme der Mitglieder lässt zudem kaum die Möglichkeit zu Kontakten außerhalb der Gruppe. Kontakte, die durch berufliche Einbindung in die Außenwelt notwendig sind, haben den privaten Bereich auszuklammern. Kinder und Jugendliche, die in die Schule gehen, unterliegen häufig besonderen Regeln: keine Freundschaften mit Mitschülern, die nicht der Gemeinschaft angehören, keine Teilnahme an Klassenaktivitäten wie Weihnachtsfeiern oder Gratulationen zu Geburtstagen, kein Religionsunterricht.
Manche dieser Gemeinschaften greifen auch auf die finanziellen Ressourcen[4] ihrer Mitglieder zurück. Das kann zum Beispiel auf der Ebene von Spenden geschehen oder als (sich steigerndes) Honorar für Schulungen, die einen höheren Rang im Gefüge der Gemeinschaft versprechen.

Gründe der Mitgliedschaft und Engagement für die Gruppe können unterschiedlich sein. Manche engagieren sich, weil sie die Gemeinschaft für etwas Besonderes halten und sich für ihren Erfolg einsetzen wollen. Andere sind begeistert, weil sie die Organisation für besser als alle anderen Formen des Zusammenlebens halten.
Der Stolz auf das Dabeisein führt zur Aufgabe des früheren Lebens. Manchmal kommt ein missionarischer Eifer hinzu. Eine gesteigerte Identifizierung ist bei den Mitgliedern zu verzeichnen, die in der Gruppe das einzige Heil, die einzige Wahrheit sehen, garantiert von höheren Mächten. Nur im Wir der Gemeinschaft sind wir im Heil, der Einzelne ist nichts. Alle anderen Menschen werden als verloren gesehen und sind zu verdammen. Das betrifft auch Familienmitglieder und Freunde, die nicht zur Organisation gehören.

1 Informationen entnommen aus: http://www.relinfo.ch/sekten/definition.html
2 = Wissenschaft von der Herkunft und Geschichte der Wörter und ihrer Bedeutungen
3 = Selbstbestimmung, Selbstständigkeit, Unabhängigkeit, Entscheidungsfreiheit
4 = Bestand an Geldmitteln, auf die man zurückgreifen kann

9. ERZÄHLPERSPEKTIVE: LESETHEATER

Aufgabe 1

a. Lies die Seiten 205–210.

S. 1 S. 2

b. Welches der beiden Schaubilder passt besser zum Geschehen, das in Kapitel 19 beschrieben wird? Begründe deine Entscheidung.

....

....

....

c. Die Perspektive des personalen Erzählers wird durch zwei Textmerkmale erweitert.
In Kapitel 19 erfährt der Leser nicht nur, was sich zwischen dem Geber und Jonas abspielt, sondern sieht wie Jonas' Vater den Zwilling freigibt. Nur ein auktorialer Erzähler könnte über dieses Geschehen Bescheid wissen. Welchen Kunstgriff wendet die Autorin an, um dem personalen Erzähler die Möglichkeit zu geben, dieses Geschehen zu beschreiben?

....

....

Aufgabe 2

a. Im Roman kommen sehr viele Stellen vor, an denen der Erzähler genaue Informationen über Figuren gibt, ohne wie ein auktorialer Erzähler in sie hineinsehen zu können. Ein Beispiel ist die unterstrichene Textstelle:

„Der Geber wandte Jonas den Kopf zu. Mit einer <u>erstaunlichen Ruhe</u> berichtete er: [...].“ (S. 209)

Hier zeigt der personale Erzähler eine besondere Fähigkeit. Welche?

....

b. Suche eine weitere Textstelle dazu aus diesem Kapitel.

....

....

Aufgabe 3

Um dir die besondere Erzähltechnik zu veranschaulichen, wandle den Text in ein Lesetheater um. Dazu musst du ein Lesetheater-Drehbuch anfertigen. Redebegleitsätze und Redezeichen werden gestrichen; Inhalte, die Aussagen über die Sprechweise und die Gefühle der Figuren machen, werden in Regieanweisungen umformuliert; kurze Angaben des Erzählers werden nach eigenem Ermessen gestrichen, um den Lesefluss nicht zu stören. Manchmal müssen auch Sätze leicht verändert werden. Anschließend werden die Rollen verteilt und der Vortrag geübt. Um Zeit zu sparen, fotokopiere den Text, damit du ihn auseinanderschneiden und aufkleben kannst. So musst du nur wenig selbst schreiben.

Dein Drehbuch kann so beginnen (ab S. 204):

SPRECHER	REGIEANWEISUNG	TEXT
Erzähler 1		Gespannt blickte Jonas auf den Bildschirm [...] bisher nicht gewusst hatte.
Erzähler 2		Auf dem Bildschirm war ein kleiner, fensterloser Raum mit einem hellen Teppichboden zu sehen, [...] Säuglingspflege brauchte.
Erzähler 1		Jonas entdeckte auch eine Waage. [...] abgeleistet hatte.
Jonas	enttäuscht	Das ist ja nur ein ganz gewöhnlicher Raum. Ich habe gedacht, [...] so aufwändig....
Geber		Pst
Erzähler 2		Jonas' Vater, in seine Pflegeuniform gekleidet, [...] Kind im Arm trug.

10. BUCH UND FILM IM VERGLEICH

Zwischen dem Roman und der Verfilmung gibt es Unterschiede, die sich einerseits auf Veränderungen von Inhalten und Figuren, die das Filmdrehbuch vorgenommen hat, beziehen, andererseits auf die unterschiedlichen Gestaltungsmittel von Literatur und Film.

Aufgabe 1

a. Welche Rolle hat die Chefälteste im Roman, welche im Film? Beschreibe die Unterschiede.

....

....

....

b. Welche Folge hat diese Veränderung für den Handlungsverlauf?

....

....

....

c. In der Verfilmung ist das Symbol der hellen Augen für die Menschen, die über die Dinge hinaussehen, ausgetauscht durch ein Mal am Handgelenk. Wie beurteilst du diese Änderung?

....

....

Aufgabe 2

a. Die Beziehung zwischen Jonas und Fiona ist in der Verfilmung eine andere als im Roman. Beschreibe den Unterschied.

....

....

b. Was sagt Fionas Verhalten in der Verfilmung über die Gefühle der Menschen in der Gemeinschaft aus?

....

....

Aufgabe 3

Wie endet der Roman? Wie endet der Film? Beantworte die Fragen jeweils in einem Satz.

....

....

Aufgabe 4

a. Der Roman wird aus einer personalen Perspektive erzählt. Wie löst die Verfilmung das Erzählerproblem?

....

b. Welche Folge kann das für das Verhältnis des Lesers/Zuschauers zu Jonas haben?

....

....

Aufgabe 5

a. In der folgenden Tabelle sind einige Möglichkeiten von Kameraeinstellungen und ihren Funktionen/Wirkungen aufgelistet. Wähle für jede Einstellung ein Beispiel aus und notiere es in der entsprechenden Spalte.

KAMERAEINSTELLUNG	FUNKTION/WIRKUNG	„HÜTER DER ERINNERUNG" (BEISPIEL)
PANORAMA (Gesamtüberblick/oft am Filmbeginn)	Erzeugt Atmosphäre/Grundstimmung des Films	
TOTALE (großer Raum mit allen wichtigen Elementen/oft am Szenenbeginn)	erzeugt Atmosphäre der Situation bereitet Handlung vor	
HALBTOTALE (ganze Person unter Einbeziehung des Umfeldes)	Verdeutlichung von Figurenbeziehungen/ Beziehung Mensch-Raum	
HALBNAH (Person von Knie/Hüfte an aufwärts)	eine/wenige Person/en in einer bestimmten Situation zeigen/Dialog	
NAH (Person von Mitte des Oberkörpers an aufwärts)	Charakterisierung der Person durch Mimik und Gestik	
GROSS (Kopf)	Mimik, die Emotionen zeigt, betonen	
DETAIL (Ausschnitt/Gesichtsteile)	Handlung oder Emotion besonders betonen	

b. Weitere wichtige filmische Gestaltungsmittel sind:

- Spiel mit dem Licht
- Schwarz-Weiß-Film
- Untermalung mit Musik
- Einsatz von Geräuschen

Mit welchen Gestaltungsmitteln arbeitet der Film? Kreuze an und gib jeweils eine Situation dazu an.

O Spiel mit dem Licht ....

O Schwarz-Weiß-Film ....

O Untermalung mit Musik ....

O Einsatz von Geräuschen ....

Aufgabe 6

Welche Funktion für die Darstellung des Jonas haben die vielen Kameraeinstellungen **NAH** und **GROSS**?

....

....

....

Aufgabe 7

Welchem der beiden folgenden Urteile über die Verfilmung stimmst du zu? Begründe deine Ansicht.

Die Verfilmung bringt die Gedanken zu wichtigen Themen des Lebens, die das Buch enthält, nicht zum Ausdruck.
Die Verfilmung veranschaulicht durch seine Gestaltungsmittel die Vorlage des Romans einprägsam und einfühlend.

....

....

....

11. TRAINING: GESTALTENDES SCHREIBEN

Innerer Monolog

VORTEXT:
Der Geber hat Jonas eine schöne Erinnerung an den Sonnenschein übertragen. Jonas weiß, dass auch schmerzhafte Erinnerungen zur Ausbildung gehören, und fordert den Geber zu einer Übertragung auf.

TEXTSTELLE:
„»Ich bin tapfer, wirklich!«“, versicherte Jonas und richtete sich ein Stück auf.“ (S. 121)

AUFGABE:
Verfasse zu der Übertragung von Sonnenschein oder Sonnenbrand einen inneren Monolog, in dem Jonas seine Gefühle, Gedanken und Verhaltensweisen zum Ausdruck bringt. (S. 119–120/121–122)

Beim Bearbeiten einer Schreibaufgabe ist es zunächst wichtig, alle Vorgaben zu erkennen, die beim Schreiben ihren Niederschlag finden müssen. Deshalb analysiere zuerst alle Bestandteile der Schreibaufgabe.

VORTEXT: Je nachdem, welche Aufgabe du gewählt hast, lies noch einmal genau die entsprechenden Seiten im Text (S. 119–120/ S. 121–122) und fertige eine Stichwortliste/eine Tabelle/eine Mindmap mit allen notwendigen Angaben an.

Der innere Monolog ist eine sehr persönliche Form, die Gedanken und Gefühle eines Menschen zu zeigen. Es gibt keinen Gesprächspartner wie in einem Brief oder auch einer Tagebuchaufzeichnung, in der das Tagebuch diese Rolle übernimmt. Der innere Monolog ist ein Selbstgespräch, das jemand mit sich führt, um sich über seine Handlungen, Haltungen, Gedanken und Gefühle klar zu werden.

FORM	SPRACHLICHE MERKMALE	INHALTLICHE MERKMALE
Ich-Form	• kurze Sätze • unvollendete Sätze • keine logische Reihenfolge/Gedanken, wie sie gerade einfallen • Fragen • Ausrufewörter • Satzzeichen (?!...) nutzen • meist Präsens	• Gedankengang ausführlich – nachvollziehbar • Gedankensprünge (mitten im Satz beginnt ein anderes Thema, das durch ein gedachtes Wort ausgelöst werden kann) • widersprüchliche Gedanken • vorausgegangene Ereignisse einbauen • am Ende zu Entscheidung/Lösung/Sichtweise kommen • Wesenszüge der Figur sollten zum Ausdruck kommen

Du kannst so beginnen:
SONNENSCHEIN:
Das ist anders als bei der Schlittenfahrt. Ja, schön warm fühlen sich die Hände an! Wunderbares Gefühl ...

SONNENBRAND:
Jetzt bin ich gespannt, was kommt. So schlimm wird es schon nicht werden. Ja, klar, da ist wieder die herrliche Wärme! – Wie toll sich das anfühlt! Da kann man so richtig ausruhen. – Oh je – nein – aua – das tut jetzt weh ...

11. TRAINING: GESTALTENDES SCHREIBEN

Erlebte Rede

VORTEXT:
Jonas weiß jetzt, was ‚Freigabe' bedeutet. Nachdem er zusammen mit dem Geber seine Flucht geplant hat, hört er von der morgigen ‚Freigabe' Gabriels. Er macht sich Gedanken, wie er das verhindern könnte.

TEXTSTELLE:
„Jonas hatte Mühe, seine Stimme zu kontrollieren.
So ruhig wie möglich fragte er: »Wann? Wann wird er freigegeben?«
»Gleich morgen früh. [...]«" (S. 229)

AUFGABE:
Jonas muss einen Weg finden, Gabriel zu retten. Er malt sich aus, was passiert, wenn es ihm nicht gelingt. Informationen dazu findest du in Kapitel 19 (S. 206–210). Welche Möglichkeit er findet und wie sich dadurch sein Fluchtplan ändert, kannst du in Kapitel 21 (S. 226–231) finden. Schreibe mithilfe dieser Informationen eine erlebte Rede.

Beim Bearbeiten einer Schreibaufgabe ist es zunächst wichtig, alle Vorgaben zu erkennen, die beim Schreiben ihren Niederschlag finden müssen. Deshalb analysiere zuerst alle Bestandteile der Schreibaufgabe.

In der erlebten Rede werden die inneren Vorgänge einer Figur wiedergegeben. Die Gedanken und Gefühle der Figur werden von dem Erzähler/Schreiber dargestellt. Daher steht die erlebte Rede in der Er-Form. Aber die Perspektive der Figur wird beibehalten und vom Erzähler/Schreiber übernommen.
Im Vergleich mit dem inneren Monolog ist eine gewisse Distanz zur Figur vorhanden.

Informationen zur erlebten Rede

FORM	SPRACHLICHE MERKMALE	INHALTLICHE MERKMALE
Er-Form	• vollständige Sätze • Präteritum • Fragen • rhetorische Fragen • Interjektionen • unterschiedliche Satzzeichen	• Gedanken der Figur (Vorstellungen, Erinnerungen, Meinungen, Reaktionen) • Gefühle der Figur • Einfügen von Kommentaren des Erzählers/Schreibers • Einfügen wörtlicher Rede der Figuren (ohne Anführungszeichen)

Du kannst so beginnen:
Was sollte er jetzt tun? Er musste etwas tun! Sonst wäre Gabriel verloren!
Das Video von der ‚Freigabe des Zwillings – er sah wieder alles vor sich: ... Das würde er niemals zulassen! Aber der Fluchtplan? Fieberhaft dachte ...

GESTALTENDES SCHREIBEN (SCHWIERIGKEITSGRAD I)

„Wie hatte er sich früher nach freien Entscheidungsmöglichkeiten gesehnt! Doch dann, als er vor der Wahl stand, hatte er die falsche Entscheidung getroffen: Er war gegangen.
Nun war er am Verhungern.

Wenn er hingegen geblieben wäre ...

Er führte diesen Gedanken weiter. Wenn er geblieben wäre, wäre er in anderer Hinsicht verhungert. Er hätte den Rest seines Lebens nach Gefühlen, Farben und nach Liebe gehungert. Und Gabriel? Für Gabriel hätte es gar kein Leben gegeben."
(S. 241)

Aufgabe 1

Welche der folgenden Angaben treffen auf diese Textstelle zu, welche nicht? Kreuze an.

	trifft zu	trifft nicht zu
Jonas überlegt, ob er die Flucht abbrechen soll.		
Jonas denkt über die beiden Arten von Verhungern nach.		
Jonas muss fliehen, damit Gabriel leben kann.		
Jonas ist sich sicher, dass er die falsche Entscheidung getroffen hat.		
Jonas denkt an seine frühere Sehnsucht, selbst entscheiden zu können.		

Aufgabe 2

Welches der folgenden Themen wird im Roman angesprochen?

O Der Untergang der Gemeinschaft
O Der Kampf zwischen den Machthabern und ihren Untertanen
O Der Unterschied zwischen einem Leben unter Kontrolle und einem Leben in Freiheit
O Das Verständnis der Machthaber für ihre Bürger

Aufgabe 3

Ein neuer Mitschüler ist in eure Klasse gekommen. Er kennt den Roman „Hüter der Erinnerung" nicht. Um ihm den Einstieg zu erleichtern, fasst du den Inhalt in drei bis vier Sätzen zusammen.
Schreibe diese Zusammenfassung.

....

....

....

....

....

....

....

Aufgabe 4

a. Erkläre, warum *Anderswo* ein mehrdeutiger Begriff ist.

....

....

....

b. Welche Unterschiede bestehen zwischen den Gesprächen in den Familien der Gemeinschaft und den Gesprächen zwischen dem Geber und Jonas? Antworte in vollständigen Sätzen.

....

....

....

....

....

....

c. Warum kann man „Hüter der Erinnerung" als einen Science-Fiction-Roman bezeichnen? Nenne drei Gründe.

1. ....

2. ....

3. ....

Aufgabe 5

Ersetze in dem folgenden Textausschnitt die unterstrichenen Wörter durch andere Ausdrücke mit passender Bedeutung. Schreibe deine Ergebnisse in die Klammern.

„Am anderen Ende der Brücke <u>angelangt</u> (..........) blieb Jonas für einen kurzen <u>Moment</u> (..........) stehen und blickte zurück. Die Gemeinschaft, in der er seine <u>Kindheit</u> (..........) verbracht hatte, lag <u>nun</u> (..........) schlafend hinter ihm. Im Morgengrauen würde das <u>geordnete</u> (..........), disziplinierte Leben weitergehen, ohne ihn. Ein Leben, das keine Überraschungen barg. In dem nichts Außerplanmäßiges <u>passierte</u> (..........)."

(S. 229)

Aufgabe 6

Jonas hat Sehnsucht nach *Anderswo* und einem neuen Leben dort. Stelle dir vor, *Anderswo* wäre dein Wohnort und Jonas käme dorthin. Du willst ihm dabei helfen, alles kennenzulernen und sich wohlzufühlen.
Um Jonas die Möglichkeit zu geben, die vielen Informationen, die du ihm geben willst, in Ruhe aufzunehmen, schreibst du ihm einen Brief, in dem du ihm über alles berichtest, was neu für ihn ist. Denke daran, ihm auch dein Verständnis für seine Situation, seine Gedanken und Gefühle mitzuteilen.
Schreibe diesen Brief.

GESTALTENDES SCHREIBEN (SCHWIERIGKEITSGRAD II)

„»Hör mir zu, Jonas. Sie können nicht anders handeln. *Sie wissen von nichts.*«" (S. 212)

Aufgabe 1

Ordne die Textstelle in den Gesamtzusammenhang des Romans ein.

....

....

....

....

Aufgabe 2

Formuliere zu jeder Kapiteleinheit einen Satz, der den Handlungsverlauf zusammenfasst.

Kapitel 1–8: ....

....

....

Kapitel 9–12: ....

....

....

Kapitel 13–15: ....

....

....

Kapitel 16–19: ....

....

....

Kapitel 20–23: ....

....

....

Aufgabe 3

Nenne vier Maßnahmen, durch die das Komitee Ordnung, Ruhe und Gehorsam der Bürger sichern will.

1. ....
2. ....
3. ....
4. ....

Aufgabe 4

Erläutere, wie die Erzählperspektive des personalen Erzählers erweitert wird.

....

....

....

....

....

Aufgabe 5

Nenne drei Textmerkmale, die den Unterschied zwischen der Gemeinschaft und *Anderswo* verdeutlichen. Begründe dein Ergebnis.

1) ....

....

2) ....

....

3) ....

....

Aufgabe 6

Erläutere die Textstelle von Aufgabe 1.

....

....

....

....

....

....

Aufgabe 7

Der Geber hat schon lange darüber nachgedacht, dass in der Gemeinschaft Veränderungen notwendig sind. Er weiß, dass die Verantwortung für alle Maßnahmen beim Komitee liegt und die Bürger unwissend sind. Durch die Übertragung der Erinnerungen und das Ansehen des Videos von der Freigabe des Zwillings gehört auch Jonas zu den Wissenden. Der Geber ist sich klar darüber, was für eine Last er seinem Nachfolger dadurch auferlegen musste und leidet darunter.
In einem inneren Monolog setzt er sich mit seinen Aufgaben als Hüter und den Folgen für sein Leben auseinander.
Schreibe diesen inneren Monolog.

INTERPRETIERENDES SCHREIBEN (SCHWIERIGKEITSGRAD I)

„»Wenn alles gleich ist, hat man doch gar keine Wahl! Ich möchte morgens aufwachen und Dinge *entscheiden* können!«" (S. 136)

Aufgabe 1

Um welches Thema geht es in diesem Textauszug? Kreuze an.

O Es geht um Überwachung.
O Es geht um die Entscheidungsfreiheit.
O Es geht um Verbote.
O Es geht um die Gleichheit.

Aufgabe 2

a. Vervollständige mithilfe der Wörter im Textfeld den Lückentext.

Der Roman „Hüter der Erinnerung" spielt in einem Land, in dem das .... herrscht. Die Menschen leben in .... Alles ist durchgeplant. Durch ein ausgeklügeltes System von ...., Ritualen und Strafen werden die Menschen im Gehorsam gehalten. Die Menschen haben keine .... an die Zeit vor der Gleichheit, kennen keine ...., Tiere und vor allem keine echten tiefen Gefühle. Nur ein Mitglied der Gemeinschaft weiß um die Erinnerungen „der ganzen Welt", der sogenannte .... Er durchlebt diese Erinnerungen, gewinnt dadurch an ...., leidet aber auch sehr. Der zwölfjährige Jonas, der in seiner Familie mit seinen Eltern und seiner jüngeren Schwester Lily lebt und seine .... mit seinen Freunden Asher und Fiona verbringt, soll zum .... des Hüters ausgebildet werden. Die .... ist anstrengend und belastend. Der Hüter, von Jonas Geber genannt, überträgt dem Jungen nach und nach schöne und schmerzliche .... Durch die Erfahrungen, die Jonas dabei macht, verändert er sich. Er beginnt intensiver zu fühlen und kritischer zu denken. Schockiert ist er, als er durch eine .... erkennt, was Krieg bedeutet, während die Erinnerung an einen .... beglückend ist. Seine kritischen Gedanken lassen ihn nicht mehr los. Als er sieht, wie sein Vater ein Baby ‚freigibt', versteht er, dass ‚Freigabe' .... bedeutet. Sein Entsetzen ist groß. Zusammen mit dem Geber entwickelt er einen Plan für eine Flucht nach ...., dem Ort, nach dem er sich immer gesehnt hat. Durch seine .... werden die Erinnerungen, die er schon übertragen bekommen hat, frei und kommen zu den Menschen in der Gemeinschaft zurück, die nicht gelernt haben, mit ihnen umzugehen. Deshalb bleibt der Geber zurück, um ihnen beizustehen. Jonas flieht mit dem Baby ...., dem die Freigabe droht, und beide erreichen nach langer, entbehrungsreicher Flucht das ....

– Anderswo	– Erinnerungen	– Freizeit	– Komitee	– Sicherheit	– Weihnachtsabend
– Ausbildung	– Farben	– Gabriel	– Nachfolger	– Tötung	– Weisheit
– Erinnerungen	– Flucht	– Hüter	– Regeln	– Übertragung	– Ziel

b. Bringe die folgenden Überschriften in die dem Inhalt entsprechende Reihenfolge. Trage dazu die Zahlen 1–5 in die Kästchen ein.

- ☐ Der Beginn der Ausbildung
- ☐ Die Heimkehr
- ☐ Jonas' Leben in der Gemeinschaft
- ☐ Die Belastung durch die Erinnerungen
- ☐ Die Flucht

Aufgabe 3

Richtig oder falsch? Kreuze an.

	trifft zu	trifft nicht zu
Die Gleichheit hat auch Vorteile für die Menschen.		
In der Gemeinschaft gibt es keine Krankheiten.		
Die Erinnerungen der ganzen Welt gehen nicht verloren.		
Jonas erfährt nichts über das Leben vor der Gleichheit.		
Der Hüter flieht nicht mit Jonas nach *Anderswo*.		

Aufgabe 4

a. Der Erzähler des Romans ist ein personaler Erzähler. Belege diese Aussage mit einer Textstelle.

....

....

....

....

b. Ein Textmerkmal des Romans ist die Mehrdeutigkeit mancher Wörter. Erläutere diese Mehrdeutigkeit am Beispiel des Wortes ‚Hunger'. (S. 241)

....

....

....

Aufgabe 5

Ordne die folgenden Angaben den Figuren zu und schreibe sie auf die entsprechenden Linien.

erfahren – mutig – sanft – schuldbewusst – unwissend – wissbegierig

Vater: ....

Hüter: ....

Jonas: ....

Aufgabe 6

Der Hüter ist eine Hauptfigur des Romans, die eine besondere Stellung in der Gemeinschaft hat. Seine Charaktereigenschaften, sein Verhalten und seine Gedanken und Gefühle zeigen, dass er ein besonderer Mensch ist. Fasse die Informationen über den Hüter in einem Text zusammen. Berücksichtige bei deinen Ausführungen auch seine Lebenssituation.

INTERPRETIERENDES SCHREIBEN (SCHWIERIGKEITSGRAD II)

„Am nächsten Morgen nahm Jonas zum ersten Mal seine Pille nicht. Etwas in seinem Herzen, das während seiner Ausbildung dort gewachsen war, riet ihm, die Pille wegzuwerfen.“ (S. 180)

Aufgabe 1

Ordne diese Textstelle in den Gesamtzusammenhang von Jonas Entwicklung ein.

....

....

....

....

....

Aufgabe 2

Erkläre, warum die Einteilung des Romans in fünf Einheiten möglich ist .

....

....

....

....

....

Aufgabe 3

Jonas sagt über die Zeit vor der Gleichheit:

„»Und dass es besser ist, wenn alles so gut durchorganisiert ist wie in unserer Gemeinschaft. Ich begreife, dass es früher irgendwie *gefährlich* war.«“ (S. 176)

Erläutere diese Textstelle.

....

....

....

....

....

Aufgabe 4

Welcher Ausdruck charakterisiert die Gemeinschaft deiner Meinung nach am besten? Begründe deine Entscheidung.

farblos – friedlich – oberflächlich – sorgenfrei

....

....

....

....

....

Aufgabe 5

a. Welcher Zusammenhang besteht zwischen den Erinnerungen und den Rückblicken, mit denen der Text arbeitet?

....

....

....

....

....

b. Erkläre, warum die *hellen* Augen ein so wichtiges Symbol sind.

....

....

....

Aufgabe 6

„»Sei ruhig, Jonas«, befahl der Geber in einem seltsamen, strengen Ton. »*Sieh genau hin!*«“ (S. 206)

Erläutere die Bedeutung dieser Textstelle. Berücksichtige in deinen Ausführungen die Rollen von Jonas und dem Hüter und den Handlungszusammenhang. Belege deine Ausführungen mit passenden Textstellen.

THEMEN FÜR KLASSENARBEITEN

1. „*Tiefe*, entschied er. Es war, als schaue man in das klare Wasser des Flusses, bis hinunter auf den Grund, wo bisher unentdeckte Dinge schlummerten." (S. 33)

   Erläutere, was in dem Roman mit Tiefe gemeint ist und welche Rolle sie im Handlungszusammenhang spielt.
   Belege deine Ausführungen mit passenden Textstellen.

2. „Die Macht zu haben, die Abhöranlage *auszuschalten*! Das war mehr als unglaublich!" (S. 112)

   Stelle dar, welche Erfahrungen Jonas in der Gemeinschaft gemacht hat, die ihn zu einer solchen Aussage veranlasst haben. Belege deine Ausführungen mit passenden Textstellen.

3. „»Jeder in der Gemeinschaft hat Erinnerungen aus seinem Leben, aus seiner Generation. Aber nunmehr bist du in der Lage, weiter zurückzugehen.«" (S. 131)

   Stelle dar, was es für Jonas bedeutet, in seinen Erinnerungen weiter zurückzugehen und nimm Stellung zu der Frage, ob es für unsere Gesellschaft wichtig ist, sich an vergangene Zeiten zu erinnern. Belege deine Ausführungen mit passenden Textstellen.

4. „»Aber jetzt sind wir zu zweit«, sagte Jonas mit wachsendem Eifer. »Gemeinsam fällt uns bestimmt etwas ein!«" (S. 159)

   Erläutere diese Textstelle im Zusammenhang mit dem Handlungsverlauf. Belege deine Ausführungen mit passenden Textstellen.

5. „Schließlich war er an einem Punkt angelangt, an dem er das alles keine Sekunde länger ertragen konnte und sich nur noch den Tod herbeisehnte." (S. 168)
   „Es gibt auch sehr viele angenehme Erinnerungen«, gab er zu bedenken." (S. 169)

   Erläutere die beiden Textstellen im Zusammenhang mit der Romanhandlung und dem Leben in der Realität.
   Belege deine Ausführungen mit passenden Textstellen.

6. „»Ich glaube, dass die Bürger dazu in der Lage sind und selbst ein Stückchen Weisheit erlangen können.«" (S. 216)

   Nimm Stellung zu dieser Aussage des Hüters. Belege deine Ausführungen mit passenden Textstellen.

7. „»Aber ich muss an einen anderen Ort. Wenn ich meine Aufgabe hier erfüllt habe, möchte ich zu meiner Tochter gehen.«" (S. 225)

   Erläutere diese Textstelle. Berücksichtige dabei auch die Einstellung des Hüters zu Leben und Tod und die Problematik, die in dieser Einstellung liegt. Belege deine Ausführungen mit passenden Textstellen.

LÖSUNGSVORSCHLÄGE ZU DEN AUFGABEN DES SCHÜLERHEFTES

Aufgaben mit individueller Lösung werden in diesem Lösungsteil nicht aufgeführt.

Inhaltssicherung und erste Deutungen

I. ALLTAG UND REGELN

Kapitel 1 (S. 7–19)

Aufgabe 1a

r – f – r – r – r – f – r

Aufgabe 1b

Inhaltszusammenfassung des 1. Kapitels

Jonas erinnert sich an seine Angst, die er gehabt hat, als ein fremdes Flugzeug über dem Gebiet der Gemeinschaft aufgetaucht ist. Er vergleicht diese Angst mit dem Gefühl, das er mit den Gedanken an die Dezember-Zeremonien, einem Ritual der Gemeinschaft, verbindet, das durch die Zuweisung zu einer Ausbildung über seine berufliche Zukunft entscheiden wird. Ein weiteres Ritual, das neben der Erwähnung einiger Regeln für die Mitglieder der Gemeinschaft gezeigt wird, ist die abendliche Gefühlsaussprache in den Familien. In Jonas' Familie geht es um die Wut der kleinen Schwester Lily, um die Sorge des Vaters um den Säugling Gabriel, den er als Säuglingspfleger zu betreuen hat, um die Enttäuschung der Mutter, die eine führende Stellung bei Gericht hat, wegen eines Wiederholungstäters und schließlich um das Besorgt-Sein von Jonas wegen der Dezember-Zeremonie.

Aufgabe 2

2.1. Merkmale der Gemeinschaft:

abgegrenztes Gebiet – Lautsprecher-Durchsagen – Abhöranlagen – Regeln – Rituale (Gefühlsaussprache, Dezember-Zeremonien) – Strafen bei Nichtbefolgung – Sprachgenauigkeit – Formeln, z. B. für eine Entschuldigung – Schuluniformen

Aufgabe 3 (Wahlaufgabe)

Mögliche Angaben (Auswahl):

Bewährungsstrafe – Sozialdienst – Wohngruppe

Kapitel 2 (S. 20–31)

Aufgabe 1a

r – r – f – f – r

Aufgabe 1b

Inhaltszusammenfassung des 2. Kapitels

Jonas spricht mit seinen Eltern über die Dezember-Zeremonien, vor allem über die Zwölfer-Zeremonie. Der Vater erzählt von seinen eigenen Erfahrungen. Beispiele für die einzelnen Jahrgangs-Zeremonien werden genannt. Jonas hat keine Vorstellung davon, welcher Beruf ihm zugewiesen werden könnte. Er weiß nur, dass ihm körperliche Arbeit nicht liegt. Der Vater berichtet, dass nur selten jemand enttäuscht worden ist und die Möglichkeit zum Einspruch besteht. Die Mutter weist darauf hin, dass sich Jonas' Leben mit Beginn der Ausbildung ändern wird.

Aufgabe 2

Bei der Auswahl zu berücksichtigende Berufsfelder: Pflanzen- und Tierzucht, Industrie und Gewerbe, Technische Berufe, Allgemeine Dienstleistungsberufe, Finanz-Fachleute, Informatik, Transport- und Verkehrswesen, Rechtswesen, Medienschaffende, Bibliothekare und Konservatoren, Künstler und Gestalter, Gastgewerbe und Hauswirtschaft, Gesundheitswesen, Fürsorge, Erziehung und Seelsorge, Unterricht und Bildung, Sozial-, Geistes- und Naturwissenschaft

Aufgabe 3 (Wahlaufgabe)

Im Prinzip schon, aber es gibt Einschränkungen durch:
die eigenen Fähigkeiten und Fertigkeiten – nicht genügend Lehrstellen – schlechte Aussichten auf eine Stelle nach der Ausbildung – Ausbildung zu teuer – Ausbildungsplatz zu weit vom Wohnort entfernt

Kapitel 3 (S. 32–39)

Aufgabe 1a

r – f – r – r – r

Aufgabe 1b

Inhaltszusammenfassung des 3. Kapitels
Zwischen den Mitgliedern der Gemeinschaft gibt es ein Unterscheidungsmerkmal: Die meisten Menschen haben dunkle Augen, nur der Hüter, Jonas, der Säugling Gabriel und ein Fünfer-Mädchen haben helle Augen. Es ist erlaubt worden, dass Gabriel tagsüber in Jonas' Familie sein darf und nur für die Nacht in die Säuglingsstation zurückgebracht werden muss. Jonas erinnert sich mit Verwirrung an den Vorfall, bei dem er für Sekunden die Veränderung eines Apfels wahrgenommen hat. Er kann diese Veränderung weder genau beschreiben noch erklären, obwohl er immer neue Versuche unternommen und Untersuchungen des Apfels vorgenommen hat.

Aufgabe 2

2.1. Mögliche Angaben:
Hautfarbe/Haarfarbe – glatte/gelockte Haare – Augenfarbe – Kopfform – Größe – Gewicht – Statur – usw.
(Begriffe aus der Personenbeschreibung)

Aufgabe 3 (Wahlaufgabe)

Hinweis auf Wissen/Erinnerungen/Erfahrungen auf eine Welt vor der Gleichheit

Kapitel 4 (S. 40–49)

Aufgabe 1a

r – r – f – r – f

Aufgabe 1b

Inhaltszusammenfassung des 4. Kapitels
Im Unterschied zur genauen Durchplanung des Lebens der Mitglieder der Gemeinschaft können sich die Achter bis zur Zwölfer-Zeremonie selbst aussuchen, wo sie ihre Praktikumsstunden verbringen. Jonas hat viele verschiedene Praktika ausprobiert. Da er sich nicht auf eine konzentriert hat, weiß er auch nicht, was für ihn als Ausbildungsplatz ausgewählt werden könnte. Im Altenzentrum hilft Jonas den alten Menschen beim Baden und hört mit Interesse den Erzählungen von Larissa über die Abschiedszeremonie eines Freigegebenen zu. Es wird klar, dass weder Larissa noch Jonas wissen, was sich hinter der Tür im Abschiedsraum befindet. Jonas macht sich auch Gedanken zu der Nacktheitsregel, die nur auf Säuglinge und die Alten nicht angewandt wird. Er begreift nicht, warum es diese Vorschrift geben muss.

Aufgabe 2

2.1. Kinder und Erwachsene dürfen einander nicht nackt sehen, ausgenommen Säuglinge und alte Menschen.

Kapitel 5 (S. 50–57)

Aufgabe 1a

r – f – r – f – r

Aufgabe 1b

Inhaltszusammenfassung des 5. Kapitels
Bei dem täglichen Morgenritual erzählen sich die Familienmitglieder gegenseitig ihre Träume und sprechen darüber. Jonas träumt

selten und kann morgens die Bruchstücke seiner Erinnerung nicht mehr zusammensetzen. An diesem Tag hat er jedoch über einen Traum zu berichten, in dem er mit dem Baden von Fiona beschäftigt gewesen ist und der ihn angenehm erregt hat. Für die Eltern ist das ein Anlass, mit Jonas über diese Erregung zu sprechen und ihm die Pille zu geben, die alle bekommen, wenn bei ihnen diese Entwicklung festgestellt wird.

Aufgabe 2

2.1. Mögliche Angaben: Taschengeld – Ausgehzeiten – Freunde/Freundinnen – schulische Leistungen – Umgangston – Verhalten Geschwistern gegenüber – Urlaub ohne Eltern

Aufgabe 3 (Wahlaufgabe)

Mögliche Angaben:
Einfluss auf körperliche und psychische Veränderungen und die Ausprägung der sekundären Geschlechtsmerkmale –
Gefühle weniger stark – Verhalten den Mitmenschen gegenüber nicht von Streit, sondern von Freundlichkeit geprägt – Stimmungsschwankungen – kaum Ablösungsprobleme von den Eltern

Kapitel 6 (S. 58–71)

Aufgabe 1a

r – f – r – f – r

Aufgabe 1b

Inhaltszusammenfassung des 6. Kapitels
In den verschiedenen Dezember-Zeremonien bekommen die einzelnen Jahrgänge bestimmte Gegenstände, die einen weiteren Schritt auf dem Weg zum Erwachsensein bedeuten. Zum Beispiel erhalten die Siebener Jacken mit Knöpfen auf der Vorderseite als Zeichen, dass sie soziales Verhalten gelernt haben, da sie sich in den Jahren davor gegenseitig beim Anziehen der hinten zu knöpfenden Jacken helfen mussten. Asher sorgt sich um seine Berufszuordnung, da er dem Gerücht Glauben schenkt, dass einmal ein Junge nach einer Zuordnung zu den Müllmännern in eine Nachbargemeinschaft geflohen ist. Jonas steht zu seiner Gemeinschaft, hält die Ehe- und Familienplanung für richtig und ist sich sicher, dass für jeden das Passendste gefunden worden ist.

Aufgabe 2

2.1. Er hat die Befürchtung, dass es ihm wie dem Jungen gehen könnte, der einen Beruf zugewiesen bekommen hat, den er nicht wollte und über den Fluss in eine andere Gemeinschaft geflohen ist. Asher kann kaum schwimmen, er hat nicht den nötigen Auftrieb. **„»Ich habe von einem Jungen gehört [...]. Ich gehe unter wie ein Stein.«“** (S. 68–69)

Aufgabe 3 (Wahlaufgabe)

Partnersuche: per Internet – über eine Kontaktanzeige – Party – Single-Reisen – Heiratsvermittlung – Arbeitsplatz – Freizeitbereich

Kapitel 7 (S. 72–83)

Aufgabe 1a

r – r – r – r – f

Aufgabe 1b

Inhaltszusammenfassung des 7. Kapitels
Die Zwölfer-Zeremonie beginnt mit einer allgemeinen Ansprache, die auf die Kinderjahre der Kandidaten zurückblickt, auf die neuen Aufgaben und die neue Verantwortung und den Ernst der Berufsausbildung hinweist. Die anschließenden Berufszuweisungen sind begleitet von einem Rückblick auf die Kindheit jedes Einzelnen und einem Dank dafür. Auch auf Erziehungsmethoden und ihre Folgen kommt die Chefälteste zu sprechen. Nur Jonas wird nicht aufgerufen. Er fragt sich voller Unruhe, was er falsch gemacht hat.

Aufgabe 2

2.1. Rückblick auf die Kinderjahre – neue Verantwortung – neue Aufgaben – Ernst der Berufsausbildung – das gelernte Sozialverhalten – die unterschiedlichen Begabungen als Grundlage der Zuweisungen

Aufgabe 3 (Wahlaufgabe)

3.1 Asher hat eine Zeit lang nicht mehr gesprochen.

3.2 körperliche Beschwerden wie Bauchschmerzen oder Übelkeit – Angst

Kapitel 8 (S. 84–92)

Aufgabe 1a

f – r – r – f – f

Aufgabe 1b

Inhaltszusammenfassung des 8. Kapitels

Die Chefälteste entschuldigt sich bei der Gemeinschaft und Jonas, dass sie so lange auf seine Berufszuordnung warten mussten. Sie weist darauf hin, dass sie sich besondere Mühe geben mussten, einen neuen Hüter auszuwählen, da sie bei der letzten Wahl einen Fehlgriff gemacht haben. Jonas' Eignung wird ausführlich begründet mit seiner Intelligenz, Unbescholtenheit, Tapferkeit und Weisheit. Jonas fühlt Dankbarkeit und Stolz, aber auch Angst, da er nicht weiß, was ihn erwartet.

Aufgabe 2

2.1. Intelligenz: Fähigkeit zum vernünftigen Denken, zum Erkennen von Gefühlen und zum richtigen Handeln
Unbescholtenheit: einwandfreier Lebenswandel (anständig, ehrlich, rechtschaffen, unbestechlich, untadelig)
Tapferkeit: unerschrockenes, mutiges Verhalten im Augenblick der Gefahr, Risikobereitschaft
Weisheit: Klugheit und großes Wissen, die auf Lebenserfahrung beruhen

Aufgabe 3 (Wahlaufgabe)

In den ersten beiden Sätzen macht sich Jonas klar, dass er nicht weiß, was diese Auserwählung für ein Leben bedeuten würde. Der dritte Satz weckt durch die Formulierung „was auf ihn zukam" die Vorstellung, dass die Zukunft etwas Bedrohliches an sich haben könnte. Durch die Setzung in eine neue Zeile werden der Unterschied und die Wirkung verstärkt.

II. ERINNERUNGEN UND ERFAHRUNGEN

Kapitel 9 (S. 93–101)

Aufgabe 1a

Lückenwörter: Informationsmappen – Verboten – Höflichkeitsregel – Lüge – stolz – wichtigste

Aufgabe 1b

Anfang der Inhaltszusammenfassung

Jonas hat zum ersten Mal das Gefühl, allein auf sich angewiesen zu sein. Durch seine Erwählung spürt er eine Distanz zu seinen Freunden und auch zu seiner Familie. Die Eltern sind stolz auf Jonas, der Vater spricht von der wichtigsten Aufgabe in der Gemeinschaft. Auf Jonas' Frage nach seinem Vorgänger, der eine Fehlentscheidung gewesen ist, bekommt er nur den Hinweis, dass es sich um ein Mädchen gehandelt hat und dass sie nicht wissen, was aus ihr geworden ist. Der Gemeinschaft ist verboten worden, ihren Namen auszusprechen.

Aufgabe 2

2.1. Anweisungen: nach Schulschluss sofort in das Nebengebäude des Altenzentrums – nach den Ausbildungsstunden sofort nach Hause

Verbote: mit niemandem außer dem Hüter über die Ausbildung sprechen – nicht über seine Träume sprechen – keine Medikamente nehmen bei Krankheiten oder Verletzungen, die im Zusammenhang mit der Ausbildung stehen – keinen Antrag auf Freigabe

Befreiungen: von allen Regeln der Höflichkeit – Erlaubnis zur Lüge

2.2. Informationen S. 98–101 in der Lektüre

Aufgabe 3 (Wahlaufgabe)

3.1. Jonas hat gelernt, dass man nicht lügen darf. Dieses Verbot gehört zur Spracherziehung, auf die große Sorgfalt gelegt wird. Er ist noch nie in die Versuchung geraten, zu lügen. Auch seine Familie und seine Freunde lügen nicht. Jonas denkt erschrocken darüber nach, was es bedeuten würde, wenn alle die Erlaubnis zum Lügen bekommen hätten. Dann würde er nie wissen, ob er angelogen wird.

Kapitel 10 (S. 102–112)

Aufgabe 1a

Lückenwörter: Hüter – Härte – Erfahrung – Übertragungen – Welt – Weisheit

Aufgabe 1b

Am ersten Ausbildungstag betritt Jonas das Zimmer des Hüters und ist sehr beeindruckt von dem gemütlichen Raum, vor allem von den vielen Büchern. Er hat nicht gewusst, dass es noch mehr Bücher gibt als die Standardwerke, die bei ihm zu Hause stehen.
Als Jonas den Hüter bemerkt, stellt er sich vor.

Aufgabe 2

2.1. Jonas ist zunächst zurückhaltend und respektvoll. Der Hüter versucht, ihm die Angst zu nehmen, weist darauf hin, dass er nicht perfekt ist und fordert Jonas auf, Fragen zu stellen. Er erklärt die Aufgaben, die beide zu erfüllen haben, und spricht von der Last der Erinnerungen. Jonas zeigt Interesse durch seine Fragen und die Versicherung, bereit zu sein.
Jonas' Verhalten erklärt sich einerseits aus seiner Unwissenheit, die ihm auch Angst macht, andererseits aus dem Willen, sich seiner Ausbildung zu stellen und ein guter Hüter zu werden. Der alte Hüter ist sich der Verantwortung für Jonas und die Gemeinschaft bewusst und erklärt alles, was der Auszubildende wissen muss, um mit der Übertragung der Erinnerungen anfangen zu können.

Aufgabe 3 (Wahlaufgabe)

Der Hüter hat alle Erinnerungen der Welt in sich aufgenommen, die erfreulichen und die belastenden. Er durchlebt sie immer wieder und spürt ihre Last, die allein auf seinen Schultern liegt.

Kapitel 11 (S. 113–123)

Aufgabe 1a

Lückenwörter: Übertragung – Erinnerungen – Schnee – Produktion – Gleichheit – Sonnenscheins – Sonnenbrand – Geber

Aufgabe 1b

Die erste Erinnerung, die Jonas übertragen wird, ist eine Schlittenfahrt. Langsam erfährt Jonas das Gefühl von Kälte und Schnee auf der Haut, sieht die Winterwelt um sich herum. Er begreift, dass es sich um Schnee und eine Schlittenfahrt handelt, weiß ihm vorher unbekannte Begriffe und genießt die Fahrt den Berg hinunter.

Aufgabe 2

2.1. Der alte Hüter überträgt Jonas seine Erinnerungen, er gibt sie ihm.

Kapitel 12 (S. 124–135)

Aufgabe 1a

Lückenwörter: Ausbildungen – Sprechen – Augenblick – Farben – Gleichheit – Regenbogen

Aufgabe 1b

Nach der ersten Ausbildungsstunde träumt Jonas von der Schlittenfahrt. Er hat das Gefühl, als gäbe es ein Ziel in der Ferne und als müsse er dieses Ziel erreichen und würde dort willkommen sein. Er weiß, dass dies sehr wichtig ist, aber weiß nicht, wie er dort hinkommen soll.

Aufgabe 2

2.1. Mögliche Beschreibungen: Jahreszeiten mit ihrer Vegetation und ihren Farben sowie den jeweiligen klimatischen Bedingungen – Farben in Stadt und Land – Farben der Mode – Farben der Wohnbereiche – Farben von Gegenständen – Farben in der Medienwelt

III. BELASTUNGEN UND ZWEIFEL

Kapitel 13 (S. 136–151)

Aufgabe 1a

- Die Übertragungen der Erinnerungen bewirken, dass Jonas sich verändert.
- Er wünscht sich, selbst Entscheidungen treffen zu können.
- Aber er weiß auch, dass es sicherer ist, die Menschen vor falschen Entscheidungen zu schützen.
- Durch seine Erinnerungen trägt der Hüter alle Belastungen allein, sodass die Menschen in der Gemeinschaft ein schmerzfreies Leben führen können.
- Jonas fragt nach dem wirklichen Leiden, das er noch nicht erlebt hat.
- Da der Geber ihn nicht für immer davon verschonen kann, beginnt er mit der Übertragung eines körperlichen Schmerzes.

Aufgabe 1b

Jonas bekommt häufig Wut auf seine zufriedenen Klassenkameraden und auf sich, weil er nichts tun kann, um ihnen sein Wissen zu übermitteln. Dennoch versucht er – erfolglos – ohne Wissen des Gebers, seine Freunde anzuregen, sich zum Beispiel die Blumen genau anzusehen. In der Ausbildung erhält er die Übertragung einer Elefantenjagd in Afrika und empfindet den Schmerz eines von Waffen getroffenen Elefanten und die Trauer eines zweiten Tieres mit. Er erkennt, dass Rot auch die Farbe des Blutes ist.

Aufgabe 2

2.2. *Vor der Ausbildung*

□ **Vater** ○ **Mutter**
△ **Jonas** ⬡ **Lily**

Während der Ausbildung

□ **Vater**
○ **Mutter** △ **Jonas**
⬡ **Lily**

Kapitel 14 (S. 152–164)

Aufgabe 1a

- Die Übertragung der Erinnerung an eine zweite Schlittenfahrt lässt Jonas einen Unfall erleben, der mit starken körperlichen Schmerzen verbunden ist.
- Es folgen weitere Schmerz-Erinnerungen, die Gefühle von Angst und Schmerz verursachen.
- In der Familie von Jonas geht es um die Frage, ob Gabriel freigegeben werden sollte.
- Jonas versucht nachts, Gabriel eine schöne Erinnerung zu übertragen, um ihn zu beruhigen.
- Als ihm dies gelingt, ist er sehr erschrocken und beschließt, nicht darüber zu sprechen.

Aufgabe 1b

Jonas fragt, warum es notwendig sei, die Erinnerungen zu bewahren, und erhält die Antwort des Gebers, dass diese Erinnerungen weise machen. Jonas fragt weiter, warum nicht alle Mitglieder der Gemeinschaft die Erinnerungen haben können. Der Geber weist auf die zu große Belastung hin. Das findet Jonas unfair, erkennt aber, dass eine Veränderung unmöglich ist, denn die Entscheidung wurde schon vor sehr langer Zeit getroffen.

Aufgabe 2

2.1. Jonas spürt, dass er keine Kontrolle mehr über den Schlitten hat, fühlt Angst und Ohnmacht. Als er durch die Luft geschleudert wird und auf den Boden fällt, hört er seine Knochen krachen und spürt die Unfähigkeit, sein Bein zu bewegen. Nach dem ersten Schock überfällt ihn der Schmerz wie Feuer. Als der Schmerz immer schlimmer wird, beginnt Jonas zu schreien und zu weinen. Er blutet und muss sich übergeben. Als er erwacht, ist sein Gesicht voller Tränen.

Kapitel 15 (S. 165–168)

Aufgabe 1a

- Manchmal schickt der Geber Jonas wieder weg, weil er leidet.
- Es kommt auch vor, dass er Jonas bittet, ihm einen Teil der Last abzunehmen.
- Jonas wird eine schreckliche Erinnerung an den Krieg übertragen, die ihn sehr schockiert.
- Der Geber bittet Jonas um Verzeihung, dass er ihm eine solche Erinnerung zugemutet hat.

Aufgabe 1b

Er findet sich auf einem Schlachtfeld, versucht einem tödlich getroffenen Jungen Wasser zu geben und erlebt das Sterben des jungen Soldaten. Er hört die Schreie der Verwundeten, sieht die verletzten leidenden Pferde, hört die Laute der sterbenden Tiere und Menschen. Er begreift, was Krieg ist.

Aufgabe 2

2.1. „Schließlich war er an einem Punkt angelangt, an dem er das alles keine Sekunde länger ertragen konnte und sich nur noch den Tod herbeisehnte.“ (S. 168)

IV. ENTSETZEN UND AUFBEGEHREN

Kapitel 16 (S. 169–180)

Aufgabe 1a

Nachdem der Geber die Kriegserinnerung übertragen hat, hätte Jonas am liebsten aufgegeben.
Jonas fragt nach der schönsten Erinnerung des Gebers und bekommt die Übertragung eines Weihnachtsfestes in der Familie.
Jonas' Familie ist nicht in der Lage zu begreifen, was Jonas mit ‚Liebe' meint.
Um die Eltern in dem Glauben zu lassen, dass er sie versteht, lügt er sie an.

Aufgabe 1b

Gabriel ist nachts wieder bei Jonas, da er im Säuglingszentrum die ganze Nacht weint. Jonas überträgt ihm zur Beruhigung schöne Erinnerungen und hat damit Erfolg. Während der Ausbildungszeit ist in Jonas ein Bewusstsein entstanden, das ihm dazu rät, die Pille nicht mehr zu nehmen.

Aufgabe 2

2.1. Jonas mit mehreren Leuten in einem gemütlichen Raum mit Kaminfeuer – draußen schneit es – Lichter an einem Baum, der in der Mitte der Zimmers steht – brennende Kerzen auf dem Tisch – bunt eingewickelte Päckchen unter dem Baum – kleines Kind, das die Päckchen verteilt – Auspacken der Päckchen: Spielzeug, Kleidungsstücke, Bücher – Freude und Umarmungen – kleines Kind auf Schoß einer alten Frau

Aufgabe 3 (Wahlaufgabe)

Positive Erfahrungen/Meinungen: Vorfreude – Vorbereitungen – Kirchgang – Musik – Zusammensein der Familie – geschmücktes Zimmer – Zeit füreinander – gut ausgewählte Geschenke – freie Tage – eventuell ‚Weihnachtswetter'
Negative Erfahrungen/Meinungen: Konsum – Hektik – Aggressivität – Streit in den Familien – lieblose Geschenke – keine Bindung an den Glauben – Einsamkeit – Alkohol/Drogen

Kapitel 17 (S. 181–192)

Aufgabe 1a

Zunehmend bewirken die übertragenen Erinnerungen und auch das Absetzen der Pille, dass Jonas' Gefühle intensiver und echter werden.
Als er seine Freunde beim Krieg-Spielen beobachtet, versucht er vergeblich, sie daran zu hindern.
Jonas erkennt, dass sie und auch seine Familie ihn nicht mehr verstehen können und fühlt sich einsam und traurig.

Aufgabe 1b

Er weiß, dass er sein sorgloses Dasein verloren hat, dass seine Freunde seine große Zuneigung nicht erwidern können. Im Säuglingszentrum wird eine kleine Feier veranstaltet, da Gabriel begonnen hat zu laufen. Gleichzeitig wird die Strafrute für den Kleinen eingeführt.

Aufgabe 2

2.1. Durch das Erleben von Schmerzen und Tod der Menschen und Tiere, durch die Erkenntnis, was Waffen anrichten können, kann er das Krieg-Spielen nicht mehr als harmlosen Zeitvertreib ansehen. Er hat das Bild der Realität des Krieges vor sich, wenn er seine Freunde mit den Spielzeugwaffen hantieren sieht. Im Spiel geschieht den Menschen nichts, aber es ist kein gutes Spiel, weil es auf die schreckliche Wirklichkeit hinweist.

2.2. Verzweiflung: Jonas sieht sein früheres Leben verloren und ist dadurch in einem seelischen Tief, ist depressiv.
Hoffnungslosigkeit: Jonas hat keine Hoffnung mehr, keine Aussicht auf Wiederherstellung des früheren Lebens.
Qual: Jonas fühlt seelischen Schmerz, weil er an sein verlorenes Leben denkt.
Ausweglosigkeit: Jonas weiß, dass es keinen Ausweg aus seiner Situation gibt und empfindet diese Ausweglosigkeit.

Kapitel 18 (S. 193–201)

Aufgabe 1a

Jonas bittet den Geber, ihm die Geschichte seiner Vorgängerin zu erzählen.
Rosemary, Jonas' Vorgängerin, hat besonders eine Erinnerung nicht verkraftet und um Freigabe gebeten.
Jonas würde sich nie freigeben lassen, weil er auserwählt worden ist und der ‚Geber' einen Nachfolger braucht.

Aufgabe 1b

Jonas macht sich Gedanken darüber, dass ihm etwas zustoßen könnte, zum Beispiel ein Unfall im Fluss. Wären die vielen Erinnerungen, die er schon übertragen bekommen hat, verloren? Der Geber antwortet, dass sie die Menschen der Gemeinschaft überfluten würden, die nicht wüssten, wie sie mit ihnen umgehen sollten. Daher bittet er Jonas, sich vom Fluss fernzuhalten.

Aufgabe 2

2.1. Unterschiedliche Situation:
Geber: Ausbilder von Jonas – Beschützer der Gemeinschaft – Verständnis für die Gemeinschaft und ihre Situation, ihr Unwissen
Jonas: Verarbeitung der Erinnerungen – Fragen und Kritik an der Gemeinschaft

2.2. Spannung und Aufregung am ersten Ausbildungstag – auch ein bisschen Angst – aufmerksam den Erklärungen des Hüters zuhören – Begeisterung, neue Erfahrungen zu machen – fünf Wochen nur schöne Erinnerungen – Pflicht, auch schmerzliche Erinnerungen zu bekommen – Übertragung des Gefühls der Einsamkeit und des Verlustes – nicht ertragen – weitermachen, Erinnerungen seelischer Qualen – Entschluss zur Freigabe, ohne Hüter davon zu unterrichten

Aufgabe 3 (Wahlaufgabe)

- ruhmreiches Geschenk Gottes: Für den ‚Geber' war sie wie ein Geschenk.
- fleißig, sanft, empfindlich: Zum Erfüllen ihrer Aufgaben bei der Ausbildung war sie immer bereit. Ihre Sensibilität zeigt sich in der Reaktion auf die schmerzlichen Erinnerungen, in ihrem Mitleiden.
- die Bittere, die Betrübte: Sie verfällt nach den schmerzlichen Erinnerungen in Traurigkeit. Die guten Erinnerungen sind nicht stark genug, um das Leid des Lebens zu ertragen.

Kapitel 19 (S. 202–210)

Aufgabe 1a

Jonas würde gern dabei zusehen, wenn sein Vater den Zwilling freigibt.
Nach den Regeln hat Jonas Zugang zu allem und der Geber rät ihm, ganz genau hinzusehen.
So erfährt Jonas voller Entsetzen, dass sein Vater das Baby tötet und in den Müllschlucker wirft.

Aufgabe 1b

Der ‚Geber' erzählt, dass er weggeschaut hat, als Rosemary sich die Spritze selbst gegeben hat. Jonas Entsetzen darüber, dass Freigabe bedeutet, die Menschen zu töten, ist so groß, dass es sich in einem Schrei äußert.

Aufgabe 2

2.1. Der Hüter will, dass Jonas begreift, was mit dem Baby geschieht, was Freigabe bedeutet.

Aufgabe 3 (Wahlaufgabe)

Aus unserer Sicht müssen die beiden Textstellen im Widerspruch zueinander stehen, das Verhalten des Vaters könnte man sogar als zynisch bezeichnen.
Aber in der Romanhandlung wissen die Mitglieder der Gemeinschaft nicht, was Freigabe bedeutet. Also weiß auch der Vater nicht, was er dem Baby antut. Er behandelt es sanft und freundlich und meint es auch so.

V. FLUCHT UND HEIMKEHR

Kapitel 20 (S. 211–225)

Aufgabe 1a

Wie reagiert Jonas auf das Video von der Freigabe? Er weigert sich nach Hause zu gehen und wird aggressiv.
Was vertraut der Geber Jonas über seine Gedanken an? Der Geber verrät Jonas, dass er schon lange der Überzeugung ist, dass etwas geändert werden müsse.
Welchen Plan schmieden die beiden? Sie entwerfen einen Fluchtplan für Jonas.
Warum lehnt der Geber Jonas' Bitte, ihn zu begleiten, ab? Der Geber muss bei der Gemeinschaft bleiben, um den Menschen beizustehen, wenn die Erinnerungen, die durch Jonas' Flucht freigelassen werden, zurückkommen.

Aufgabe 1b

Jonas weigert sich, nach Hause zu gehen. Er bleibt die Nacht über beim Geber. Nach anfänglichen aggressiven Reaktionen Jonas' und dem Geständnis des Gebers, dass er schon lange weiß, dass etwas geändert werden muss, schmieden die beiden Hüter einen Fluchtplan für Jonas. Der Geber lehnt Jonas' Bitte, ihn zu begleiten ab, da er sich für die Mitglieder der Gemeinschaft verantwortlich fühlt. Seine Aufgabe ist es, sie vor den Erinnerungen zu schützen. Wenn diese Erinnerungen nach der Flucht von Jonas auf die Gemeinschaft zurückkommen, muss er sie vor dem Chaos schützen, das ausbrechen wird, weil die Menschen es nicht gelernt haben, mit diesen Erinnerungen umzugehen. Seine Aufgabe wäre erst beendet, wenn die Menschen wieder ganzheitlich geworden sind. Danach will der Geber zu seiner Tochter Rosemary gehen. Jonas lehnt die Übertragung von Musik ab, um sie dem Geber nicht zu nehmen. Zu Hause geht Jonas den Fluchtplan noch einmal in allen Einzelheiten durch, um gut vorbereitet zu sein.

Aufgabe 1c

Siehe LH S. 78

Aufgabe 2

2.1. Bis zur Dezember-Zeremonie Übertragung aller Erinnerungen, die Mut und Kraft geben – heimlich das Haus verlassen in der Nacht vor der Zeremonie/Nachricht für die Eltern auf seinem Bett hinterlassen, dass er eine Fahrt am Ufer des Flusses unternommen hat – mit dem Rad ans Ufer der Flusses/Rad und Kleidung dort zurücklassen – Geber organisiert Fahrzeug und Chauffeur, den er auf einen Botengang schickt – Jonas versteckt sich mit Essensvorräten vom ‚Geber' im Kofferraum – Beginn der Fahrt nach Anderswo – Rückkehr des Gebers/Jonas auf dem Weg

Kapitel 21 (S. 226–236)

Aufgabe 1a

Welche Information veranlasst Jonas, seinen Fluchtplan zu ändern? Jonas erfährt, dass Gabriel morgen freigegeben werden soll.

Gegen welche Regeln der Gemeinschaft verstößt Jonas, um die Flucht zu ermöglichen? Jonas verstößt gegen die Regel, nachts das Haus nicht zu verlassen, gegen die Regeln der Gemeinschaft, keine Lebensmittel und kein Rad zu stehlen.

Wovor hat Jonas auf der Flucht Angst? Die größte Angst hat Jonas vor den Suchflugzeugen.

Was leisten die Erinnerungen während der Flucht? Die Flugzeuge sind mit Wärmesensoren ausgestattet, daher kühlt er durch die Übertragung von Schneeerinnerungen den Körper Gabriels ab.

Aufgabe 1b

Die Flucht kann nicht wie geplant stattfinden, da Jonas von der drohenden Freigabe Gabriels erfährt. Daher muss er das Kind mitnehmen. Er muss möglichst früh in der Nacht aufbrechen und kann nicht zum Geber zurück, da er keine Verzögerung verursachen will. Durch die Übertragung einer beruhigenden Erinnerung schläft Gabriel und Jonas radelt angestrengt, bis sie im Morgengrauen in einer einsamen Gegend halten, essen und unter Bäumen schlafen, um von den Suchflugzeugen nicht entdeckt zu werden. Vor diesen Flugzeugen mit ihren Wärmesensoren hat Jonas die meiste Angst. Mithilfe von Erinnerungen an Schnee kühlt er Gabriels Körpers ab. Die Flucht verläuft fast automatisch: nachts radeln, tagsüber schlafen im Versteck. Die Flugzeuge werden seltener und sind schließlich einen ganzen Tag und eine Nacht lang nicht mehr aufgetaucht.

Aufgabe 2

2.1. Stichwörter: umliegende Gemeinschaften mit Häusern im Dunkeln – leere Straßen zwischen den einzelnen Gemeinschaften – Wiesen zu beiden Seiten des Weges, nur mit einzelnen Bäumen und Büschen – ein Fluss, der auf einem holprigen Weg zu erreichen ist – einsame Landschaften – kein Zeichen von menschlichen Ansiedlungen

Aufgabe 3 (Wahlaufgabe)

Krieg – Verfolgung – Hunger – Armut – keine Meinungsfreiheit – keine Möglichkeit der eigenen Lebensgestaltung

Kapitel 22 (S. 237–242)

Aufgabe 1a

Welche neuen Belastungen machen die Flucht noch schwerer? Jonas hat einen Unfall und verletzt sich. Statt der Angst vor den Flugzeugen belastet Jonas die Angst vor der düsteren, fremden, bedrohlich wirkenden Landschaft. Er fühlt die Belastung durch die Verantwortung für Gabriel.

Welche Überraschungen vermitteln Jonas ein Glücksgefühl? Das Auftauchen von Tieren, der überraschende Anblick von Wildblumen, der Gesang der Vögel und der Wind, der durch die Blätter weht, vermitteln Jonas ein Glücksgefühl.

In welcher Verfassung sind Jonas und Gabriel am Ende dieses Kapitels? Hunger, Überanstrengung, Schwäche, Regen und Kälte müssen die beiden Flüchtenden aushalten. Frierend und durchnässt können sie nur noch weinen.

Aufgabe 1b

Sie kommen durch eine weniger gepflegte Landschaft, Jonas stolpert über einen Stein und verletzt sich. Die fremde Landschaft wirkt bedrohlich, die Sorge um Gabriel belastet Jonas. Doch sie erleben auch einen glücklichen Moment, als Tiere auftauchen, Wildblumen zu sehen, Vogeltrillern und das Rauschen des Windes in den Blättern zu hören sind. Die Angst vor dem Verhungern und der Kraftlosigkeit belastet Jonas. Gabriel wird immer schwächer. Das Radfahren wird durch die Unterernährung immer schwerer. Als sie eine Landschaft mit Hügeln und Bergen erreicht haben, können sie – vom Regen durchnässt und frierend – nur noch aus Verzweiflung weinen.

Aufgabe 2

2.1. In beiden Texten wird beschrieben, welche Sinneseindrücke die Natur den Menschen schenkt: Fühlen der Luft, Sehen der Wildblumen/Ähren, Hören des Windes.

Aufgabe 3 (Wahlaufgabe)

Hunger: verursacht durch fehlende Nahrung

Hunger: verursacht durch Mangel an Gefühlen, Farben und fehlende Liebe

Kapitel 23 (S. 243–250)

Aufgabe 1a

Warum gibt das Gefühl, dass *Anderswo* nicht mehr weit ist, Jonas Hoffnung? In der einbrechenden Nacht ist Jonas überzeugt, dass sein Ziel nah ist. Das mobilisiert seine letzten Kräfte, weil er eine Möglichkeit ahnt, doch dieses Ziel zu erreichen, obwohl seine schwindende Kraft ihn zweifeln lässt.

In welcher Verfassung ist Gabriel am Ende der Flucht? Gabriel wimmert, friert, zittert, ist stumm. Er fühlt sich kalt und leicht an.

Warum kann Jonas schließlich seine letzten Kräfte einsetzen, um ans Ziel zu kommen? Jonas weiß, dass er nicht aufgeben darf wegen Gabriel. Er versucht mehrmals, seine Erinnerungen an Wärme mit seinem Gefährten zu teilen. Die Kälte kommt zurück, aber die Augenblicke reichen aus, den Lebenswillen gewinnen zu lassen. Jonas erreicht den Gipfel des Hügels mit letzter Kraft.

Was für ein Ort ist *Anderswo* für Jonas? Jonas erkennt in dem Ort, der unten vor dem Hügel liegt, als das *Anderswo* seiner eigenen Erinnerung.

Aufgabe 1b

Jonas spürt das nahe Ziel *Anderswo*, hat aber wenig Hoffnung, dass seine Kraft ausreichen wird, es zu erreichen. Gabriel ist abgemagert und fast leblos. Jonas widersteht der Sehnsucht, im Schlaf alles zu vergessen, denn er weiß um seine Verantwortung für Gabriel. Er hat kaum noch Erinnerungen, da sie zur der Gemeinschaft zurückgegangen sind. Den letzten Rest der Erinnerung an Sonnenschein und Wärme versucht er mehrmals mit Gabriel zu teilen. Obwohl die Kälte immer wieder zurückkommt, wird der Lebenswille gestärkt. Jonas mobilisiert seine letzten Kräfte, beginnt mit dem Aufstieg, fällt, steht wieder auf, schleppt sich weiter, bis er den Gipfel des Hügels erreicht hat. Oben angekommen erkennt er mit einem Glücksgefühl in dem Ort im Tal das *Anderswo* seiner eigenen Erinnerungen. Er findet den Schlitten und beginnt die Abfahrt mit unerschütterlicher Hoffnung und letzter Willenskraft, Gabriel eng an sich gedrückt. Er ist sicher, dass sie unten erwartet werden und hört zum ersten Mal in seinem Leben Musik.

Aufgabe 2

2.1. Der letzte Linienverlauf passt am besten, weil er das Auf und Ab während des Aufstiegs, das Vorankommen und die Rückschläge an deutlichsten veranschaulicht.

2.2. Mögliche Beispiele:
Zusammensein in der Familie, mit Freunden – Situation im Baderaum – Zwölfer-Zeremonie und seine Erwählung

Aufgabe 3 (Wahlaufgabe)

Es würde bedeuten, dass die Menschen in der Gemeinschaft zu ihrer Ganzheit zurückgefunden haben und der Geber seine Aufgabe vollendet hat.

DIE GEMEINSCHAFT
SCHUTZ UND KONTROLLE

Das Komitee

Aufgabe 1 a/b

☐ 1. Die Höflichkeitsregel verlangt, niemandem eine vertrauliche Frage zu stellen, die ihn in Verlegenheit bringen könnte.

☑ 2. Lügen ist verboten.

☐ 3. Niemand darf nachts das Haus verlassen.

☑ 4. Das Stehlen von Lebensmitteln der Gemeinschaft ist verboten.

Aufgabe 2

a. Lily: Wut – Vater: Traurigkeit – Mutter: Enttäuschung/Angst – Jonas: Besorgnis

b. Durch die Abhöranlagen kann das Komitee die Gefühlsaussprachen überwachen und die Mitglieder der Gemeinschaft kontrollieren.

Aufgabe 3

a. Sie erkennen, dass der Zeitpunkt für die Einnahme der Pille gegen Erregungszustände gekommen ist, und sprechen mit Jonas darüber.

b. (Wahlaufgabe)
Das Komitee will verhindern, dass sich die Menschen zu eigenständigen Erwachsenen entwickeln, die ihre Entscheidungen selbst treffen und ihre Sexualität leben. Dann wäre das Leben in der Gemeinschaft nicht mehr so geordnet und friedlich und die Menschen könnten nicht so einfach unter Kontrolle gehalten werden.

Aufgabe 4

a. Stichpunkte: Beschreibung der Situation/Stimmung im Saal – Themen der allgemeinen Rede der Chefältesten – Inhalte der Reden zu jedem einzelnen Zwölfer – die veränderte Reihenfolge der Berufszuweisungen – die Verwirrtheit und Spannung von Jonas und den Gemeinschaftsmitgliedern – die Gründe der Auserwählung des Hüters – Jonas' Auserwählung – die Begeisterung des Publikums – Erstaunen/Freude/Verlegenheit/Befürchtung von Jonas

b. Die Dezember-Zeremonien sind zur Unterhaltung der Bürger der Gemeinschaft eingeführt worden: Das Unterhaltungsangebot trägt zur positiven Meinung über das Komitee bei.
Die Dezember-Zeremonien sollen alle Bürger der Gemeinschaft zusammenführen: Das gemeinsame Erlebnis stärkt das Gemeinschaftsgefühl.
Die Dezember-Zeremonien unterstützen die Erziehung und den Gehorsam der Bürger: Durch die Gaben für die Jahrgangsstufen und die Inhalte der Reden wird deutlich, dass alles im Hinblick auf die Erziehung zum gehorsamen Bürger geschieht.
Die Dezember-Zeremonien zeigen, wie sehr die Bürger von dem Komitee kontrolliert werden: Durch die Reden der Chefältesten wird deutlich, was das Komitee alles über die Jugendlichen und auch Erwachsenen weiß. Das ist nur durch das Überwachungssystem möglich.

Aufgabe 6 (Wahlaufgabe)

Die Menschenrechte schützen die Würde und Selbstverantwortung des einzelnen Menschen.
Die ‚Gleichheit' schützt das System, das sich die Menschen unterordnet und sie unselbstständig hält.

SICHERHEIT UND FREMDBESTIMMUNG

Die Mitglieder der Gemeinschaft

Aufgabe 1

b. Vorschläge zu den Zuweisungen (andere Entscheidungen möglich)

Vorteile des Lebens in der Gemeinschaft	*Nachteile des Lebens in der Gemeinschaft*
• Praktika während der Schulzeit • Ausbildungsmöglichkeiten für alle • Berufe, die den Alltag der Mitglieder entlasten (Essensverteiler) • gesicherter Lebensunterhalt • keine Krankheiten	• abgegrenztes Gebiet • ‚Gleichheit' • Macht des Komitees • Unterordnung • Überwachungen (Abhörgeräte) • Berufszuweisungen • ‚Freigabe' • Familienplanung (Antrag auf Ehe und Kinder) • streng geregelter Alltag • Säuglingspflegestation • Altenzentrum • fehlende Erinnerungen • keine tiefen Gefühle

c. (Wahlaufgabe)
Die Gefühle der Mitglieder der Gemeinschaft werden täglich in den Familien offengelegt und besprochen. Es ist nie die Rede davon, dass man die Gefühle zulässt und wie man mit ihnen umgeht. Sie werden nach ihren Ursachen untersucht, um sie zu vermeiden. Die tieferen Gefühle erlebt man, ohne sie zu zerreden, sie werden zugelassen.

d. Der Vater ist nicht traurig aus Mitgefühl mit dem Säugling, sondern darüber, dass er die ihm gestellte Aufgabe nicht richtig erfüllt hat. Jonas zeigt sein Mitgefühl, weil er sich in die Situation des Gebers einfühlen kann.

DIE HÜTER
ERINNERUNGEN UND WEISHEIT

Der Geber

Aufgabe 2

a. S. 110–111: Der Hüter bewahrt alle Erinnerungen der Welt allein, damit die Menschen in der Gemeinschaft nicht mit ihnen belastet werden müssen.
S. 146: Er sorgt für die Ausbildung eines Nachfolgers, damit die Erinnerungen nicht zu den Mitgliedern der Gemeinschaft zurückkehren, die damit nicht umgehen könnten.

b. 1. Belastungen für den Ablauf des täglichen Lebens: Er darf die Bücher nicht mit seiner Ehepartnerin teilen und nicht mit ihr über seine Aufgaben sprechen. Er lebt isoliert.
2. Belastungen durch die Erinnerungen: Er muss die schwere Last vor allem der schmerzlichen Erinnerungen allein tragen. Er leidet.

Aufgabe 3

Weil er nicht über seine Erinnerungen sprechen darf, hat er keine Übung darin, sie zu beschreiben, verständliche Formulierungen zu finden. Da er selbst die Schmerzen erfahren hat, die mit den Erinnerungen verbunden sind, weiß er, was er seinem Schüler zumuten muss, und das verursacht erneutes Leid.

Aufgabe 4

a. „Der Geber schmunzelte amüsiert. »Wir haben die *Gleichheit* nie völlig erreicht. [...]. Haare wie die von Fiona müssen sie an den Rand der Verzweiflung treiben.«" (S. 133)
„»Wir erlangten die Kontrolle über viele Dinge. Aber dafür mussten wir auf andere verzichten.«" (S. 134)
„»[...] – es gibt so vieles, was ich ihnen sagen könnte; Dinge, die sie meiner Meinung nach ändern sollten.«" (S. 145)
„Der Geber machte eine abfällige Handbewegung, als wolle er eine lästige Fliege verscheuchen." (S. 148)

b. Der Geber hat der Gemeinschaft gegenüber eine verständnisvolle, einfühlende Haltung. Er verurteilt sie nicht, weil er um ihre Unwissenheit weiß. Sie sind zu unbedingtem Gehorsam erzogen worden, zum Nicht-Nachdenken über das, was sie tun, und sie haben keine Erinnerungen, die ihnen zur Kritik an der Gleichheit verhelfen könnten.

ERINNERUNGEN UND EINSICHTEN

Jonas

Aufgabe 2

Neugier/neugierig – Kritik/kritisch – Selbstständigkeit/selbstständig – Mitgefühl/mitfühlend – Einfallsreichtum/einfallsreich – Hartnäckigkeit/hartnäckig

Aufgabe 3

a. Angaben: Jonas' Stärken (Rede der Chefältesten) – Nomen/Adjektive von Aufgabe 2 – Sprachgenauigkeit – Verantwortungsbewusstsein – Freundlichkeit

b. Charakteristik (direkt und indirekt) mit Einleitung, Hauptteil und Schluss, Textbelege

Aufgabe 4

a.

Erinnerungen	**Gefühle / Erfahrungen**	**Jonas' Reaktion**
Die erste Schlittenfahrt	• siehe SH S. 47	
Sonnenschein (S. 119–120)	• sich ausbreitende Wärme • Spüren von heißer, schwerer Luft	Jonas empfindet es als angenehm und beruhigend.
Sonnenbrand (S. 121–122)	• Vergehen der Zeit spüren • stechende, brennende Haut • stechende Schmerzen in der Armbeuge und im Gesicht	Jonas bewegt unruhig den Arm, gibt einen Schmerzlaut von sich, findet vor Schmerzen nicht das Wort für Sonnenbrand.
Elefantenjagd (S. 139–141)	• erlebt einen heißen, unwegsamen Ort • hört die Geräusche von Waffen • erlebt Tod und Trauer der Tiere bei einer Elefantenjagd	Jonas ist beunruhigt, verängstigt und fühlt sich wie betäubt.
Schlittenunfall (S. 153–154)	• beherrscht Schlitten nicht mehr • wird durch die Luft geschleudert • prallt auf den Boden • empfindet starke Schmerzen	Jonas bleibt reglos und schockiert liegen. Er versucht erfolglos sich aufzurichten und sich zu bewegen. Er schluchzt, muss sich erbrechen und schreit.
Krieg (S. 169–168)	• auf dem Schlachtfeld des Krieges • stöhnende verletzte und sterbende Menschen und Pferde • Lärm, Schreie, Kanonendonner	Jonas ist vom Schmerz überwältigt. Er kann die Situation nicht ertragen und sehnt sich nach dem Tod. Er begreift, was Krieg bedeutet.
Weihnachten (S. 170–172)	• Lichter, Wärme, Gemütlichkeit • Lieder • Essensdüfte • Familie, Liebe	Jonas ist aufgeregt und voller Freude. Er empfindet ein Glücksgefühl. Er ist von der Situation in den Bann gezogen.

Aufgabe 5

	Jonas	Was ist mit dem Schnee, mit den Bergen usw. passiert?
S. 118	Geber	Durch die Jahreszeiten konnte man nicht immer säen und ernten und hatte Schwierigkeiten mit der Nahrungsmittelproduktion. So kam es zur Klimakontrolle. Die Jahreszeiten wurden abgeschafft, als man zur Gleichheit übergegangen ist. Auch die Berge wurden abgeschafft, weil sie den Transport erschwerten.
	Jonas	Was passierte mir mit dem Apfel, mit Fionas Haaren, den Gesichtern?
S. 132	Geber	Vor der Gleichheit hat es viele Farben gegeben. Eine hieß Rot und du beginnst dieses Rot zu sehen, am Apfel, an Fionas Haaren und in den Gesichtern.
	Jonas	Warum lassen sie die Menschen nicht ihre eigenen Entscheidungen treffen?
S. 138	Geber	Es ist ein Risiko, wenn Menschen ihre eigenen Entscheidungen treffen können. Diese Entscheidungen könnten falsch sein und das sichere Leben gefährden. Davor muss die Gemeinschaft geschützt werden.
	Jonas	Warum müssen die Erinnerungen aufbewahrt werden?
S. 156	Geber	Erinnerungen machen weise. Nur so bin ich in der Lage, dem Komitee einen Rat zu geben, wenn es notwendig ist.
	Jonas	Warum kann nicht jeder seine eigenen Erinnerungen haben?
S. 158	Geber	Dann müssten alle die Belastung der Erinnerungen ertragen und von Schmerzen geplagt sein.

Aufgabe 6

a. 1. Jonas ist völlig unvorbereitet auf die Erfahrung, die er machen muss.
   2. Er erlebt seinen freundlichen, sanften Vater ohne Mitgefühl, nur seine Aufgabe erfüllend.
   3. Er erfährt, was ‚Freigabe' bedeutet, und sieht, wie dabei ein Baby durch eine Giftspritze getötet wird.

b. S. 210: Jonas schreit vor Entsetzen laut.
   S. 211: Jonas weigert sich, nach Hause zu gehen.
   S. 212: Jonas wird gehässig.
   S. 213: Jonas spricht mit dem Geber über das Geschehen und weiß nicht, was er tun soll.

GEMEINSAMKEIT UND VERÄNDERUNG

Jonas und der Geber

Aufgabe 1

a. Zu Beginn begegnet Jonas dem Geber mit Zurückhaltung und Respekt, zeigt aber seine Neugier und seine Bereitschaft. Er will seine Ausbildung verantwortungsvoll auf sich nehmen. Der Geber' will ihm ein einfühlsamer Lehrer sein. Am Ende der Handlung sind sie Freunde und Vertraute geworden, die zusammen planen und handeln.

b. Sie teilen die Erinnerungen.
   Sie leiden unter den Erinnerungen.
   Sie wollen gemeinsam eine Veränderung bewirken.

Aufgabe 2

a. Der Geber: Organisation der Flucht – Schutz und Hilfe für die Gemeinschaft, wenn die Erinnerungen zurückkommen
   Jonas: Flucht nach *Anderswo*: Ermöglichung, dass sich die Gemeinschaft durch die Erinnerungen verändert – Heimkehr an den Ort, nach dem er sich immer gesehnt hat

b. Ohne die Flucht kämen die Erinnerungen nicht zurück und es wäre keine Veränderung möglich.
   Ohne den Beistand des Gebers würden die Menschen der Gemeinschaft das Chaos der Erinnerungen nicht bewältigen können.

c. (Wahlaufgabe)

Der Geber, der schon lange Kritik an der Gemeinschaft hat, konnte weder einen funktionierenden Plan entwickeln, noch genügend Mut aufbringen.

Jonas, der Energie und Mut zur Veränderung mitbringt, ist auf die Weisheit des Gebers angewiesen. Beide werden gestärkt durch das Gefühl der Gemeinsamkeit, der Sicherheit nicht allein zu sein.

Aufgabe 4

a. Mögliche Angaben:

Was Jonas verliert	***Was Jonas gewinnt***
• kein Schmerz	• farbige Welt
• keine Probleme	• richtige Familien
• keine Arbeitslosigkeit	• echtes Gefühlsleben
• Wohnraum	• Rettung Gabriels
• gesicherter Ausbildungsplatz	• freie Entscheidung
• gleiche Schulbildung für alle	• Individualität
• kein Krieg	• keine Kontrolle/keine Überwachung
• keine Naturkatastrophen ...	• Selbstständigkeit ...

TEXTMERKMALE

DIE SCHRIFT

Aufgabe 1

a. S. 8/9: Unbekanntes Flugzeug über dem Gebiet der Gemeinschaft
S. 36: Verstoß gegen das Verbot, Gegenstände und Esswaren vom Spielplatz mitzunehmen
S. 54: Hinweis, dass Erregungszustände gemeldet werden müssen

b. Die Großbuchstaben veranschaulichen die Wichtigkeit der Durchsage, entsprechen dem Sprechen aus dem Lautsprecher.

Aufgabe 2

a. Mögliche Ergebnisse:

Tiefe (S. 33) – *Anderswo* (S. 62, 69, 70 usw.) – Intelligenz (S. 88) – Unbescholtenheit (S. 88) – Tapferkeit (S. 89) – Weisheit (S. 90) – Gleichheit (S. 120) – Schlitten, Erdwall, Kufen, Berg (S. 115) – Sonnenschein (S. 120) – Gewehr (S. 140) – Familienbande (S. 172) – Liebe (S. 175) – Schneeflocken (S. 244)

b. Der Zusammenhang besteht bei allen Wörtern, ob sie sich auf Auserwählung, die guten und schlechten Erinnerungen, die Organisation der Gemeinschaft oder die Entwicklung von Jonas bis zur Flucht und Heimkehr beziehen.

DIE MEHRDEUTIGKEIT DER WÖRTER

Aufgabe 3

1. Der Geber und Jonas sind fähig zu tiefen Gefühlen, die sie zulassen und nicht zerreden.
2. Die Gefühle, die in den Familien zur Sprache kommen, werden nach Ursachen und Folgen untersucht und zum Teil wegdiskutiert.

Aufgabe 4 (Wahlaufgabe)

1. *Anderswo*: das Land ohne Gleichheit, das Jonas erreicht, in das Jonas heimkehrt
2. *Anderswo*: der Ort hinter der Tür im Abschiedsraum, in den die getöteten Mitglieder der Gemeinschaft gebracht werden

b. 1. (S.249): „Die Kufen des Schlittens glitten [...], wo seine Zukunft und seine Vergangenheit lagen."
2. (S. 208): „»Er hat es getötet! Mein Vater hat das Baby getötet!«, stammelte Jonas fassungslos."

DIE RÜCKBLICKE

Aufgabe 5

a. Jonas erinnert sich an die Situation, in der das unbekannte Flugzeug über dem Gebiet der Gemeinschaft Angst verursacht hat.
b. Erinnerungen der ganzen Welt, an die Zeit vor der Gleichheit

DIE GESPRÄCHE

Aufgabe 6

a. Gefühle – Erzählungen von früher – Belastung und Glück durch die Erinnerungen – Rosemary – Kritik an der Gemeinschaft – Fluchtplan ...
b. Die Belastung durch die Ausbildung, die Verarbeitung des Neuen, die Entwicklung von Jonas werden dadurch veranschaulicht.
c. Der Geber wird dadurch seiner Verantwortung für die Ausbildung gerecht.
Sie zeigen, wie die Beziehung zwischen dem alten Hüter und Jonas wächst.

Aufgabe 7

a. 1. Gefühlsaussprache: Jedes Familienmitglied berichtet über die Gefühle, die es den Tag über gehabt hat. Die anderen nehmen Anteil, indem sie auch die Gründe für die Gefühle untersuchen und gegebenenfalls klären, dass es ein unbegründetes, falsches Gefühl gewesen ist.
2. Traumgespräche: Jeden Morgen erzählen sich die Familienmitglieder ihre Träume, stellen Fragen dazu, versuchen die Bedeutung des Traumes zu finden, reagieren auf Hinweise, die ein Traum gegeben hat, z. B. mit Verabreichung der Pille.

b. Die Gespräche zwischen dem Geber und Jonas werden nicht abgehört wie alle Gespräche in den Familien. Sie beinhalten Wissen, das nur dem Hüter und seinem Schüler erlaubt ist. Die anderen Gespräche dienen dem Komitee als Kontrolle über Gefühle und Entwicklungen der Mitglieder der Gemeinschaft, um entsprechend reagieren zu können.

DAS SYMBOL

Aufgabe 8

a. individuelle Antwort (Maske, von den hellen Augen genommen)
b. siehe Lösung Inhalt Kapitel 3, Aufgabe 3, S. 59
c. der Hüter, Jonas, Rosemary, Katharina: über die Gleichheit hinausschauen, zum Hüter geeignet

DER ERZÄHLER

Aufgabe 9

a. S. 188: „Er fühlte eine große Zuneigung zu Asher und Fiona."
S. 229: „Er überlegte sich, welche Regeln er jetzt schon gebrochen hatte: [...]."
S. 42: „Er fuhr am Kinderzentrum vorbei, wo Lily nach der Schule immer hinging, [...], sondern angelehnt – vor dem Altenzentrum."

Aufgabe 10

Es handelt sich um einen personalen Erzähler.

DIE SCIENCE-FICTION-LITERATUR

Aufgabe 11

Vor der *Gleichheit* geschah alles den Naturgesetzen entsprechend.
Die Natur veränderte sich, die Menschen veränderten sich durch die Gleichheit.
Jonas' Verhalten während der Ausbildung und auf der Flucht entspricht gewohntem Verhalten von Menschen. Durch die Erinnerungen ist Jonas in der Lage, die Gemeinschaft anders zu sehen.
In der Realität gibt es auch Macht und Unterdrückung.

Der Zusammenhang zwischen dem geordneten Leben in der Gemeinschaft und der Aufgabe des Hüters erscheint logisch.
Es geht um das Leben des Menschen, um seine Erkenntnisse, Erfahrungen und Gefühle. Dieser Sinn des Lebens wird durch die Gemeinschaft nicht veranschaulicht, sondern durch Jonas und seine Verhaltensweisen: das Leben in seiner Widersprüchlichkeit, mit Glück und Schmerz bestehen und die Nähe und Liebe mit seinen Mitmenschen teilen.

INTERPRETATION

EINE INTERPRETATION ENTWICKELN

Aufgabe 1

b.

Im Roman geht es um das Ziel der Gemeinschaft: Die Menschen sollen sich nicht zu eigenständigen Persönlichkeiten entwickeln.
Das ist ein Thema des Romans. Das Komitee hält die Menschen durch Kontrolle in Abhängigkeit und Unselbstständigkeit.

Durch äußere Zeichen wird im Roman die „Gleichheit" eindrucksvoll veranschaulicht.
Diese Zeichen sind: Durchsagen, Abhöranlagen, gleiche Erziehung, gleiche Schulbildung, gleiche Familienplanung, gleiche Wohnbereiche.

Die Mitglieder der Gemeinschaft werden durch Medikamente, Rituale, Überwachung und Strafen daran gehindert, sich kritische Gedanken über ihr Leben zu machen.
Bei Erregungszuständen gibt es ein Medikament, Gefühlsaussprachen und Traumerzählungen dienen der Überwachung, gegen Regelverstöße wird vorgegangen mit Strafen bis zur ‚Freigabe'.

Der Roman zeigt eine erschreckende Zukunft der Gesellschaft, in der sogar die Gefühle und Träume der Menschen kontrolliert werden.
Das Leben in der Gemeinschaft weist auf Zustände hin, die in manchen Systemen zum Teil schon herrschen.

In Jonas hat der Roman eine Hauptfigur, die den Weg zeigt, wie ein lebenswertes Dasein aussieht.
Jonas zeigt, wie man sich lösen kann von einem nicht lebenswerten Dasein: durch Aufmerksamkeit, Willen, Klugheit, Mut, Tapferkeit und gemeinsames Handeln.

Es wird dargestellt, dass tiefe Gefühle sowie gute und schlechte Erinnerungen zum Leben gehören.
Durch die Gefühle von Jonas und die guten und schlechten Erinnerungen wird unsere Lebensrealität gezeigt.

Der Roman macht deutlich, dass die Mächtigen Angst haben vor Menschen, die selbstständig denken und entscheiden.
Das Komitee versucht, seine Angst durch Kontrollmaßnahmen, strenge Regeln und Strafen in den Griff zu bekommen.

Durch die Sicherung eines sorgenfreien Lebens, in dem für den Lebensunterhalt, Ordnung und Ruhe gesorgt ist, sollen die Menschen zum Gehorsam dem Komitee gegenüber veranlasst werden.
Auch das bequeme, von Sorgen um den Lebensunterhalt und die Zukunft freie Leben hält die Gemeinschaft von kritischem Denken ab.

Der Roman ist durch Handlung und Figuren eine Warnung vor einer Gesellschaft der Zukunft.
Da es Gleichschaltung, Macht und Unterdrückung auch in unserer Lebenswelt gibt, kann der Roman als Warnung dienen.

Die Darstellung der Familien der Gemeinschaft regt zum Nachdenken über die Familien in unserer Gesellschaft an, zum Beispiel über die fehlende Großfamilie und die vielen Single-Haushalte.
Die Familien in der Gemeinschaft sind keine gewachsenen Familien. Sie werden in einem harmonischen Zusammenleben gezeigt, in dem es jedoch keine wirkliche Wärme und Liebe gibt. Das kann uns zum Nachdenken anregen, wie es in unserer Gesellschaft mit dem Familienleben aussieht.

Das Buch macht klar, was für ein Glück es sein kann, sich frei entscheiden zu können, macht aber auch nachdenklich darüber, ob wir in unserer Gesellschaft wirklich frei sind.
Jonas sehnt sich danach, sich – in kleinen wie in großen Dingen – selbst entscheiden zu können. Das ist nachvollziehbar, denn wir haben auch Erfahrungen gemacht, dass wir uns nicht immer frei entscheiden können.

Aufgabe 2

Hirt: Schützer der Gemeinschaft (vor Erinnerungen und ihren Folgen)
Aufseher: über die Erinnerungen und ihre Bewahrung
Wächter: über die Erinnerungen
Pfleger: der Erinnerungen durch immer wiederholtes Durchleben

DAS MOTTO

Aufgabe 4 (Wahlaufgabe)

a. Im Alter haben die Menschen die Hilfe der Kinder, die erwachsen geworden sind, nötig.
Die Kinder gestalten später das Leben in der Gesellschaft und von ihren Entscheidungen ist es abhängig, ob die alten Menschen einen guten Lebensabend verbringen können.

LÖSUNGEN ZU DEN MATERIALIEN DES LEHRERHEFTES

a. Lückentexte zu den Kapiteleinheiten des Schülerheftes

I. Kapitel 1–8 (S. 7–92) LH S. 23–25

Angst – Flugzeug – Gemeinschaft – Dezember-Zeremonie – Zukunft – Ritual – Gefühlsaussprache – Gabriel – Gericht – Vater – Erfahrungen – Ausbildungsplatz/Beruf – Arbeit – Einspruch – Beginn – Augen – Hüter – Nacht – Veränderung – Versuche – Durchplanung – Praktikumsstunden – Beruf/Ausbildungsplatz – Baden – Abschiedszeremonie – Tür – Nacktheitsregel – Alten – Vorschrift – Träume – Erinnerung – Fiona – Erregung – Pille – Gegenstände – Weg – Vorderseite – Anziehen – Asher – Müllmännern – Familienplanung – Ansprache – Aufgaben – Rückblick – Dank – Angst – Jonas – Mühe – Hüter – Fehlgriff – Tapferkeit – Unruhe

II. Kapitel 9–12 (S. 93–135) LH S. 25–26

Gefühl – Distanz – Aufgabe – Fehlentscheidung – Mädchen – Namen – Informationsmappen – Lüge – Büchern – Hüter – Ausbildung – Fragen – Sorgfalt – Schlittenfahrt – Gefühl – Begriffe – Übertragung – Gleichheit – Nahrungsmittel – Sonnenbrandes – Geber – Ausbildungsstunde – Ziel – Schule – Ausbildungen – Sekundenbruchteile – Farben – Regenbogen

III. Kapitel 13–15 (S. 136–168) LH S. 26–27

Jonas – Entscheidungen – Sicherheit – Wut – Wissen – Gebers – Elefantenjagd – Waffen – Trauer – Blutes – Belastungen – Leid – Schmerz – Schlittenunfall – Angst – Erinnerungen – Mitglieder – Veränderung – Familie – Macht – Geber – Schock – Krieg – Schlachtfeld – Sterben – Verwundeten – Verzeihung

IV. Kapitel 16–19 (S. 169–210) LH S. 28

Versuchung – Weihnachtsabend – Liebe – Gabriel – Beruhigung – Erfolg – Pille – Gefühle – Freunde – Zuneigung – Strafrute – Bitte – Rosemary – Freigabe – Verantwortungsgefühl – Fluss – Menschen – Vater – Entsetzen – Spritze – Schrei

V. Kapitel 20–23 (S. 211–250) LH S. 29–30

Hause – Geständnis – Fluchtplan – Aufgabe – Chaos – Tochter – Musik – Einzelheiten – ‚Freigabe' – Verzögerung – Suchflugzeugen – Schnee – Versteck – Landschaft – Tiere – Vogeltrillern – Verhungern – Radfahren – Verzweiflung – Hoffnung – Sehnsucht – Verantwortung – Wärme – Lebenswille – Aufstieg – Glücksgefühl – Schlitten – Willenskraft

b. Lückentext zum gesamten Roman LH S. 30–31

Zukunft – Gleichheit – Komitee – Überwachungssystem – Medikamente – Gehorsam – Freigabe – Farben – Gefühle – Weisheit – Freizeit – Nachfolger – Ausbildung – Erinnerungen – Übertragung – Weihnachtsabend – Ausbildungserfahrungen – Belastungen – Tötung – *Anderswo* – Flucht – Gabriel – Kräfte – Gipfel – Ziel

REZIPROKES LERNEN LH S. 37–38

1a. Sie bewirkt, dass die Kinder verstehen, dass es besser für den Umgang mit den Mitmenschen und die Karriere ist, Gefühle zu verschweigen.

1b. Sie wollen sich unangenehmen Gefühlen nicht stellen.

2a. Die Menschen können ihre Gefühle weder ganz genau benennen noch darüber sprechen.

2b. Verdrängen kann krank machen, Zulassen lässt auch die angenehmen Gefühle intensiver erleben.

3a. In der Gemeinschaft dienen die Gespräche der Überwachung und dem Nicht-Zulassen von Gefühlen. Der Text meint Gespräche, die den Menschen helfen sollen, mit ihren Gefühlen zu leben.

3b. Sie haben auch das Ziel, dass Jonas die Gefühle kennt und durchlebt, die mit ihnen verbunden sind.

4a. Es könnte ein Hinweis sein, weil die Menschen in der Gemeinschaft tiefe Gefühle nicht haben können wie auch die Menschen in unserer Gesellschaft, die ihre Gefühle verdrängen, wenn auch aus anderen Gründen. Der Hüter und Jonas weisen als Gegenbild auch auf uns hin.

4b. Es ist ein Beispiel, da Jonas sowohl die schmerzlichen Gefühle, wie zum Beispiel bei der Kriegserinnerung, als auch die positiven Empfindungen, wie zum Beispiel bei der Übertragung des Weihnachtsabends, intensiver erlebt als vor der Ausbildung.

GESPRÄCHE VERGLEICHEN LH. S. 39–40

Aufgabe 1

Wo findet das Gespräch statt?	Wohnung von Jonas' Familie	Zimmer des Hüters, das nur er und der Nachfolger betreten dürfen
Welchen Anlass hat das Gespräch?	morgendliches Ritual, in dem alle Gefühle des Tages zur Sprache kommen	Jonas' Frage nach dem Begriff Freigabe und seine Bitte, von seiner Vorgängerin zu erzählen
Über welche Themen wird gesprochen?	Wut, Traurigkeit – Enttäuschung/Wut/ Schuldgefühle, Besorgnis	Freigabe, Möglichkeit des Antrags auf Freigabe, Rosemary und ihre Ausbildung und deren Ende
Wer ist als Sprecher und/oder Zuhörer beteiligt?	Vater, Mutter, Jonas, Lily, das Komitee	Hüter und Jonas
Wie gehen die Gesprächspartner miteinander um?	ruhig, freundlich gehen nicht auf die Gefühle ein, sondern lenken ab	ehrlich und offen, gehen auf Wünsche des anderen ein
Welches Ziel hat das Gespräch?	Gefühle abbauen Überwachung der Gefühle durch das Komitee ermöglichen	den Nachfolger über alles, was er wissen möchte, ohne Ausflüchte zu informieren
Wer bestimmt dieses Ziel?	das Komitee	Fragen von Jonas

Aufgabe 2

b. Gefühlsaussprache:

Es geht um die Sache, die Gefühle sollen ausgesprochen und erklärt werden, damit sie erledigt sind. Die Gefühle werden nicht ernst genommen. Die Eltern lenken das Gespräch. Das Reglement ist von außen auferlegt. Lily wird manipuliert. Die Merkmale eines guten Gespräches sind nicht vorhanden.

Gespräch zwischen Hüter und Jonas:

Beide sind kommunikationsfähig, hören genau zu und gehen auf den Gesprächspartner ein. Sie haben dasselbe Ziel: die bestmögliche Ausbildung. Das Gespräch ist geprägt von Offenheit, gegenseitigem Respekt und Ehrlichkeit.

c. Die Gefühlsaussprache zeigt, dass keine vertrauten Beziehungen bestehen, sondern das Reglement des Komitees das Gespräch bestimmt. Es wird überwacht und ist somit kein vertrauliches Gespräch, das dem Thema angemessen wäre. Es spiegelt den Umgang der Menschen miteinander wider, wie er in der Gemeinschaft üblich ist.

Das Gespräch zwischen dem Hüter zeigt, dass beide eine echte Beziehung zueinander haben. Siehe 1b.

LERNTEMPODUETT LH S. 41–43

Übereinstimmungen:

nicht durch eine Wahl legitimiert – Willen des Volkes beeinflussen – keine Gewaltentrennung – idealer Zustand der Gesellschaft – Unterordnung des Einzelnen – Durchplanung des Lebens – keine Kritik an Machthabern/nicht hinterfragbar – Sanktionen – Überwachungssystem/Kontrollmechanismus (Fühlen, Denken, Handeln der Mitglieder) – Erziehung (Manipulation/Indoktrination) – Missachtung der Menschenrechte – Abgrenzung gegen andere Gemeinschaften – Identitätsmerkmale

ERZÄHLPERSPEKTIVE: LESETHEATER LH. S. 44

Aufgabe 1

b. Schaubild 1: genaue Abbildung der Technik „Film im Film"

Schaubild 2: bezieht sich auf den Zusammenhang der Geschehnisse: Jonas' Wunsch führt zu Ansehen des Videos, was zu den Reaktionen auf das Video führt

c. Der Erzähler kann das Geschehen im Abschiedsraum beschreiben, weil er selbst das Video sieht.

Aufgabe 2

a. genaues Beobachten und Zuhören, Schlussfolgerungen ziehen

b. „»Pst«, sagte der Geber, die Augen auf den Bildschirm geheftet." (S. 205)
„»Sei ruhig, Jonas«, befahl der Geber in einem seltsamen, strengen Ton." (S. 206)
„»Pst«, sagte der Geber scharf." (S. 207)

BUCH UND FILM IM VERGLEICH

Aufgabe 1

a. Im Roman tritt sie nur in der Dezember-Zeremonie auf, im Film gestaltet sie den Handlungsverlauf mit.

b. Sie greift ein, als Jonas sich verändert und flieht, sie versucht Asher zu ihrem Helfer zu machen. Sie stellt sich der Diskussion mit dem Hüter über das System der Gemeinschaft und dem Leben vor der Gleichheit. Die beiden Lebensformen stehen sich direkt gegenüber, die Abgrenzung voneinander verliert jedoch an Deutlichkeit, da die Chefälteste in ihrem Spiel menschliche Züge erkennen lässt.

Aufgabe 2

a. Fiona und Jonas beginnen eine Liebesgeschichte, von der im Roman nicht die Rede ist.

b. Die Gefühlsunfähigkeit der Bürger der Gemeinschaft ist nicht durchgehalten.

Aufgabe 3

Romanende: Die Heimkehr von Jonas wird nicht ausgeführt, die Veränderungen in der Gemeinschaft im letzten Satz nur angedeutet.
Filmende: Man sieht, wie die Gemeinschaft wieder in die Zeit vor der Gleichheit zurückkehrt, wie die Farben zurückkommen, die Gefühle, das Glück und Leid der Menschen.

Aufgabe 4

a. Jonas wird zum Ich-Erzähler.
b. /

Aufgabe 6

Jonas wird noch deutlicher zur Hauptperson des Romans. Die Identifikation des Zuschauers kann stärker sein als die des Lesers.

TRAINING GESTALTENDES SCHREIBEN LH S. 47–48

Innerer Monolog

Sonnenschein: Gefühl der Wärme – feuchter Körper – Ausbreitung der Wärme über Schultern, Nacken auf Wangen – angenehmes Gefühl – auch an bekleideten Stellen – mit der Zunge über die Lippen: heiße und schwere Luft gefühlt – liegt bewegungslos – allein – irgendwo im Freien – auf dem Boden liegend – Wärme von oben – nicht so aufregend wie Schlittenfahrt – angenehm und beruhigend/Form des inneren Monologs

Sonnenbrand: Spüren, wie die Zeit vergeht – Stechen und Brennen der Haut, unruhiges Bewegen des Armes/Abwinkeln – stechender Schmerz in der Armbeuge – Schmerzlaut – Zusammenzucken bei der Bewegung – Schmerz im Gesicht beim Sprechen – Wissen, dass es ein Wort dafür geben muss – kann Wort für Sonnenbrand nicht finden vor lauter Schmerz/Form des inneren Monologs

Erlebte Rede

Erwartete Angaben:
Information beim Abendessen: Gabriels Freigabe beschlossen – Erinnerung an die Freigabe des Zwillings – Vorgehen und Verhalten des Vaters – Spritze – Müllschlucker – Rettung Gabriels/Fluchtplan ändern – so schnell wie möglich vorankommen – daher: keine Möglichkeit des Abschieds vom Geber/keine Möglichkeit mehr, geplante Erinnerungen von Stärke und Mut aufzunehmen –

Freund verlassen: Trauer – hoffen, dass Geber weiß, was geschehen ist (Über-die-Dinge-Hinaushören) – Fluchtbeginn nachts – Diebstahl von Lebensmitteln und Fahrrad des Vaters/Kindersitz – Gabriel mitgenommen – zur Beruhigung Hängematten-Erinnerung übertragen/ Form der erlebten Rede

KLASSENARBEITEN
GESTALTENDES SCHREIBEN (SCHWIERIGKEITSGRAD I)

Aufgabe 1

trifft nicht zu – trifft zu – trifft zu – trifft nicht zu – trifft zu

Aufgabe 2

⊗ der Unterschied zwischen einem Leben unter Kontrolle und einem Leben in Freiheit

Aufgabe 3

Gemeinschaft, die durch ein Überwachungssystem kontrolliert wird – Gefühle/Erinnerungen unterdrückt – Ausnahme: Hüter und Nachfolger – gemeinsamer Versuch der Veränderung

Aufgabe 4

a. *Anderswo*: das Land, wo keine Gleichheit herrscht – *Anderswo*: Tod/Jenseits

b. Familiengespräche: kein wirkliches Eingehen aufeinander – werden überwacht – Ziel: Kontrolle
   Geber-Jonas: Eingehen aufeinander – vertraulich/keine Überwachung – Ziel: Erkenntnis der Wahrheit

c. Gründe siehe SH S. 57

Aufgabe 5

Mögliche Ergebnisse: angekommen – Augenblick – Kinderjahre – jetzt – durchgeplante/geregelte/übersichtliche – geschah

Aufgabe 6

Erwartete Angaben: Auswahl

Farben, Jahreszeiten, Tiere und Pflanzen, keine Überwachung, Gefühle und Erinnerungen nicht unterdrückt, Ehe und Familie ohne Zuordnung, echte Beziehungen, eigene Entscheidungen (privat und beruflich), keine ‚Freigabe', kein absoluter Gehorsam, Kritik möglich, mehr Risiko, Eigenverantwortung für Lebensunterhalt und Lebensgestaltung

GESTALTENDES SCHREIBEN (SCHWIERIGKEITSGRAD II)

Aufgabe 1

Gespräch nach Ansehen des Videos von der Freigabe des Zwillings und der Reaktion von Jonas, der entsetzt ist über das Verhalten der Menschen in der Gemeinschaft, die mit der Freigabe zu tun haben – vor der gemeinsamen Planung, wie eine Veränderung herbeizuführen sein könnte

Aufgabe 2

Kapitel 1–8: Das Leben von Jonas und seiner Familie in der Gemeinschaft wird beschrieben bis zu seiner Auserwählung als Nachfolger des Hüters.

Kapitel 9–12: Die erste Zeit der Ausbildung, in der Jonas Erinnerungen übertragen bekommt und Erfahrungen mit positiven und negativen Gefühlen macht, wird dargestellt.

Kapitel 13–15: Die Belastungen und Zweifel durch die Erinnerungen, die Jonas quälen, und seine kritischen Gedanken sind Thema dieses Romanteils.

Kapitel 16–19: Es wird beschrieben, wie die Übertragung von Krieg und die Erkenntnis, was Freigabe bedeutet, Jonas in die Verzweiflung und zum gemeinsamen Handeln mit dem Geber treiben.

Kapitel 20–23: Die Darstellung der anstrengenden Flucht bis zum Erreichen des Zieles *Anderswo* ist Inhalt des letzten Romanteils.

Aufgabe 3

Überwachungssystem – strenge Regeln/Strafen bei Nichtbefolgung – Rituale – Erziehung zum Gehorsam – Verbot von Kritik – Unterdrückung von Gefühlen – Medikamente

Aufgabe 4

Erweiterung durch die Dialoge, die Beschreibungen von Handlungen und Wirkungen der Personen, die der genau beobachtende Erzähler leistet, und die Darstellung der Vorgänge auf dem Video.

Aufgabe 5

Mehrdeutigkeit wichtiger Begriffe – zwei Arten von Erinnerungen und Rückblicken – zwei Arten von Gesprächen
Je nach ihrer Bedeutung weisen sie auf die Gemeinschaft oder auf *Anderswo* hin.

Aufgabe 6

Durch die übertragenen Erinnerungen und die Gespräche mit dem Geber hat Jonas begonnen, die Handlungsweise des Komitees und seine Anweisungen nicht mehr einfach zu akzeptieren. So reagiert er auch gefühlsmäßig gegen die Pille, ohne sich genaue Gedanken darüber zu machen.

Aufgabe 7

Erwartete Angaben: Form des inneren Monologs
Aufgaben als Hüter: Erinnerungen der ganzen Welt bewahren, Gemeinschaft entlasten, Ausbildung des Nachfolgers, damit die beiden Aufgaben gesichert sind.
Folgen für sein Leben: Anstrengung, Belastung, körperliche und seelische Schmerzen, Einsamkeit, Wissen und Weisheit, kritisches Denken, Einsicht in die Notwendigkeit von Veränderungen, Schuldgefühle den Auszubildenden gegenüber, ihnen diese Belastungen auch zumuten zu müssen

INTERPRETIERENDES SCHREIBEN (SCHWIERIGKEITSGRAD I)

Aufgabe 1

⊗ Es geht um die Entscheidungsfreiheit.

Aufgabe 2

a. Lückenwörter:
Komitee – Sicherheit – Regeln – Erinnerungen – Farben – Hüter – Weisheit – Freizeit – Nachfolger – Ausbildung – Erinnerungen – Übertragung – Weihnachtsabend – Tötung – *Anderswo* – Flucht – Gabriel – Ziel

b. 2 – 5 – 1 – 3 – 4

Aufgabe 3

r – f – r – f – r

Aufgabe 4

a. Beispiel: „Der Dezember stand vor der Tür und Jonas bekam es allmählich mit der Angst zu tun." (S. 7) – „In dieser letzten Bemerkung hatte ein ironischer Unterton mitgeschwungen, so als würde der Sprecher es komisch finden." (S. 9)

b. Hunger nach Nahrungsmittelaufnahme – Hunger nach Liebe

Aufgabe 5

Ordne die folgenden Angaben den Figuren zu und schreibe sie auf die entsprechenden Linien.
Vater: sanft, unwissend Hüter: erfahren, schuldbewusst Jonas: mutig, wissbegierig